JN321416

オンナを味方にして仕事をする本

なぜあなたは女性とうまくいかないのか?

奇跡の12週解決トレーニング

後藤芳徳
Yoshinori Goto

SEIKO SHOBO

目次 ▼ Contents

プロローグ

女性を活かせなければ男も組織も生き残れない！

1～2週目

我が身を振り返り、思い込みを捨てよ！

3〜4週目 女性とのコミュニケーションにまずは慣れよ！

5～6週目 女性の心理特性をひとつずつ把握せよ！

7～8週目 女性に有効な言葉の力を借りよ！

9〜10週目 女性に信頼される自分をプロデュースせよ！

11〜12週目 様々なケースに向かって積極的に対処せよ！

▼女性社員の情報は混乱させないこと　179
▼あいまいな情報は言葉にせず一旦お茶を濁す
▼NOと言える空気をつくってYESと言わせる　181
▼ゴールイメージを手伝って自主的にイエスを言わせる
▼オヤジ化したキャリア女性の心をほぐすには　182
▼キャリア女性には心の武装解除をすべし
▼好意は必須！でも「好き」と言わせたら負け　184
▼惚れられそうになったら目線は必ず上か下へ。同じにしない
▼どうしても苦手な女性部下への対処法　186
▼苦手だからこそ認めていることを今すぐ伝えよ
▼後輩や部下につらく当たる女性社員には　188
▼信頼していることが伝わればいじめは影を潜める
▼喜怒哀楽を見せない女性社員には　190
▼感情を見せない彼女でも、内面の感情は必ず動いている
▼ウソをつかれたらどうすればいいか　191
▼ウソつきを治すのはカウンセラーの仕事
▼顧客からの良い反応はオーバーアクションで伝える　193
▼ほめ言葉の特徴、言わなかったことはなかったこと

エピローグ 女性力を活かした組織を構築せよ！

装幀▼フロッグキングスタジオ
装画▼村林タカノブ

プロローグ
女性を活かせなければ男も組織も生き残れない

あなたは女性とのコミュニケーションに自信がありますか？
いつまでもそんなことで苦手意識を持っていたら、
今の社会では通用しません。
通用しないどころか、確実に、
女性への対応が得意な人間に、大きな差をつけられてしまいます。
弱音をはいて逃げるのもいいでしょう。
しかし、一生逃げていられるわけではありません。
でも、もう大丈夫。あなたはラッキーです。
たった12週間で女性が苦手でなくなる、
しかも女性から信頼される自分になって、
稼げる女性社員を育てるノウハウまでわかる本に出会えたのですから。

▼あなたは自分の能力に自信がありますか？

あなたは自分の能力に、自信を持っていますか？

この質問に「ＹＥＳ」もしくは「まあまあだけど自信アリ」と瞬時に即答した人の半数は、女性社員に嫌われている可能性大。要注意です。

冒頭からいきなりショックなことを言ってしまいましたね。

でも、これには理由があります。

僕がお手伝いさせていただいている会社では、仕事でのスキルやスペックを持つ男性こそが、仕事がデキるゆえの自信から、「女性社員にも尊敬され、好かれて当たり前だ」という錯覚を起こしているケースが多いのです。

仕事がデキる男性は、よほど人望が低くなければ社内でも認められるし、一定のレベルまでは出世できて、実務だってこなしていきます。

ところが、対女性となると、営業成績や人事評価のようなわけにはいかない人も増えてきますよね。ミスを起こさないからって、女性に好かれるわけではないですから。

むしろ、仕事でそれほど評価されていなくても、女性社員たちを元気にできる人の方が好かれます。基本的に女性は、減点法ではなく加点法思考だと思ってください。**仕事の能**

力以前に、「人を元気にする能力」が勝るというわけです。そんな人、あなたの周囲にも一人くらいいませんか？

「アイツ、オレより仕事できないくせに女にモテやがって」なんてヤツが。

でも、よく考えてください。仕事がデキるから、役職があるから、格好いいから、オシャレだから、お金を持っているから、それらが男のモテる条件なのだと、あなた自身が勘違いをしてませんか？

世の中、学歴やお金を手にしたからってモテるとは限らないし、それらすべてを持っていなくてもモテている男性は大量に存在するんです。

たとえ技能的に仕事がデキても、ネガティブで人の元気を奪うような人って、一応それぞれの局面で適切に仕事を処理をして有能に見えるものの、いざ昇進すると仕事ができない部下を軽蔑して、人間関係に亀裂を生じさせたり、職場の空気を暗くします。

こういうのが、女性社員に最も嫌われるタイプです。

もちろん、あなたがそういう人だというわけではありません。でも、モテそうな条件がなくたって、仕事が少々できなくたって、人を元気にするスキルさえ身につけていれば、けっこう女性に好かれる可能性があるってことを、最初に強く分かっていただきたいんです。女性社員が多い職場ほど、このスキルは威力を発揮するからです。

男だって、元気になるヤツと一緒に仕事をした方が楽しいですもんね。**完璧を目指す必**

要なんてまったくないんです。欠けている部分を助けてくれた人に、幸せをもたらしましょう。その人を明るい気持ちにしていきましょう。

仕事の能力からくる自信は女性との壁をつくる

▼周囲を元気にする人は、幸福も女性も引き寄せる

僕が今まで出会ってきた人の中で、「成功した中小企業の社長」の多くは、この「人を元気にさせる男性像」と一致しています。元気が良くてニコニコしてて、一緒にいるとポジティブな気分になれます。

少々おっちょこちょいでも、苦手なことがあっても、それが人間的魅力に見える。クールな面もあるけど、それは冷静なだけで根は温かい――こういう経営者って、自分が苦手な部分はそれを得意とする部下にまかせ、「キミがいるからホントに助かるよ」とお礼を言って認め、ほめるんです。

その方が、部下だって「私がやらなきゃ」と、モチベーションが上がりますよね。従業員に活力を与えなければ企業は伸びないし、小さな企業にとってはなおさら。そう

考えると、成功する中小企業の経営者がみんな、共通する要素を兼ね備えているのは当然とも言えます。

ただし、明るく元気なだけの男を演じればいいってもんじゃありません。場の空気を読めないと、ただの馬鹿です。浮いちゃって周りは迷惑するだけです。

周りを元気にできる人って、トラブルやアクシデントに見舞われても、「大丈夫、自分はツイてるから」って思える力があるんですよね。一瞬落ち込むことはあっても、とにかく立て直しが早い。幸せだと思い込めるから、それを証明するかのような証拠を次々と集めて楽しく生きています。だから当然、女性社員だって引き寄せられてくるわけです。

逆に「女性社員が寄ってこない」と嘆く人は、自分のことを不幸だと思っています。だから引き寄せるのは不幸を証明するものばかり。「何かしてほしい」「上司なんだからしてもらって当然なのに」という欲求が満たされないから、いつも面白くない。本当は自分のことが嫌いなんです。いわば、自分と他人を責めつづけてる完璧主義。

こんな人に近づくのは誰だってイヤですよね。もちろん、女性を活かす上司像にはほど遠いわけです。

あなたは大丈夫ですか?

「ネガティブじゃないつもりだけど、女性社員はほとんど寄ってこないなぁ」

そうやって「自分は悪くないけど」と自己肯定しないでください。

寄ってこない事実があるなら、その原因は見極めないといけません。

不幸を証明する事実ばかり集めていないか

▼二極化する男性のＩＱ、平均化している女性のＩＱ

中小零細企業こそ、経営者と上司が魅力的な人間力をつけて、女性の能力をフル活用して業績を上げるべきだし、僕はそれを提唱しています。それどころか、これからの中小企業の生き残りは、そこにかかっていると言っても過言じゃありません。もちろん、中小企業だけの話じゃないんです。中堅や大企業だって、女性の能力を活用できなければ、競争に打ち勝つのは不可能でしょう。

ではなぜ、男性じゃなくて女性なのでしょうか。べつに昨今の流行だからじゃありません。僕は10年前から言い続けています。

もちろん、総合的な仕事の実務レベルは男性が高いと思います。でも、ＩＱ（知能指数）の統計に限って見ると、男性はＩＱの高い人と低い人に二分化されています。そして女性はその中間に集中して分布していることが証明されているんです。

つまり、大企業だとＩＱの二極分化した上位男性グループが集まります。反面、中小企業では下位男性グループが集まる確率が高いのが現実なんです、残念ながら。つまり、中小企業で通常の人材採用をすれば、男性よりＩＱの高い女性が集まる確率が圧倒的に高いということになります。

大雑把に言うと、ＩＱの分布を上から見ると、

大企業の男性＞中小企業の女性＞中小企業の男性

になる場合が多いということです。

もちろん、個人レベルでの例外はあります。ＩＱに関係なく、女性が不得意なことを得意とする男性は大勢います。しかし、データ上は大枠がこの分布になるわけで、中小企業は女性社員をしっかり育てることが企業成長に役立つと言えます。

もし、ライバル会社が男性社員ばかりなら、あなたの会社は**女性を雇うだけで社員のＩＱ平均値が勝る**ことにもなるのです。

もちろん、仕事の采配には今までと違った工夫が必要になります。男性と比較すると、女性は頼まれたことにいったん納得して取り組みだしたら、コツコツ取り組むパワーがケタ違い。さらに、いい上司や経営者と巡り合うと驚くほど成長して期待に応えてくれます。

僕は、そんな女性を活かして急成長するケースをたくさん見てきました。だからこそ、女性を成長させることができる人間が必要だと痛感しています。

こんな例もありました。

クライアントはむさくるしい男ばかりの工場。そこで商談するスタッフに女性を一人入れたら、男性のクライアントがその女性に心を開いて本音を言い始めたんです。

まあ、油断をしてくれたのかもしれませんけどね。美人でしたから。

だけど、今まで相手にもされなかった大きな商談が、彼女のお陰で一気に進みました。

ビジネスの場面でも、女性は男性の心を動かす潤滑油になっているのは否定できない事実です。特に、日常的に女性と接する機会が少ない人たちと商談すると、成約率も確実にアップします。「ウチの業界には女が来たことないんだ」という業界ほど、驚くほど効果的です。

中小企業は女性を採用するだけでＩＱ平均値が上がる

▼女性を活かせない企業の莫大な損失

ところが日本の企業は、**世界的に見ても女性を活かすことが極端に下手**なんです。企業での女性管理職の割合は、アメリカやスウェーデンが3〜4割なのに、対して日本は1割にも満たない。雇用者に占める女性の割合が4割もあるのに、です。

男の都合で女性が管理職になれない仕組みができあがってます。それで企業が伸びるのならいいんですよ。でもどの企業も青息吐息、伸び悩んでいるじゃありませんか。優秀な女性の扱い方が分からないから切ってしまってるんですね。実にもったいない話です。

大卒の女の子の進出も目覚ましいです。四年制大学の新卒者の就職者数の割合は、この7年で約2倍に増えて、男子と女子はほぼ半々。就職率だと男の子は負けてます。

この勢いで大卒の女の子たちが社会に進出してくると、「女の子はうまく扱えない」なんて逃げていられません。「本気で経営(仕事)をする気があるの?」ってことになっちゃいます。

しかも、女の子の方がコツコツ真面目に勉強してきた子が多いから、入社後の吸収力は早いです。これは部下に仕事を教えた経験がある方の多くが実感してるはず。就職難だリストラだというご時世でも、女性は逆境や不安定さにめっぽう強い特性も持ち合わせています。

どうです？　他社より早く女性社員を育てるノウハウを構築した企業こそ、いや、女性を活かせる上司や経営者がいる企業こそ、勝ち組になると思いませんか？

もちろん、男性と比較すると、女性には出産、育児などのハンディがあります。生理痛で休むかもしれないし、出産時には数カ月、あるいは育児休暇で3年も職場を離れるかもしれない。

でも、そのことも踏まえて女性が活躍できる仕組みを整えていくことが、これからの先進国の条件です。日本でも業種によっては、女性の営業成績は男性に負けていません。ハンディを加味した上でも、優秀な女性を管理職に昇進させている企業が、女性管理職のいない企業より売り上げを伸ばしているデータもあります。

僕は、単に女性が出産や生理の際、体調が悪くなることをフェミニズム的に容認すべきだとはまったく考えていません。それは本質的な意味での男女平等ではないと思ってます。

経営の目的はあくまでも「経営」。特に中小企業では経営効果のみを追求すべきです。だから、担当女性の産休を理解してくれない顧客が多い業態なら、やはり男性を雇った方がいいでしょう。女性は切るべきです。

また、生理痛での毎月の欠勤に顧客からクレームが入るのなら、その担当女性はそのレベルの能力だったということ。辞めさせられても仕方がないと思います。

でも、僕が知り得るかぎり、生理休暇や産休中でも「○○さんは大丈夫かなあ」「早く帰ってきてくれないかな」と心配されるほど顧客の心をガッチリつかんでいる女性社員でさえ、安易に辞めさせる経営者が少なくないんです。経営的視点から見ると、これは莫大な損失なんです。

だって、リピート顧客と新規顧客を比較したら、同じ売り上げを得るためのコストは10倍以上違います。顧客の心をしっかりつかんでいる女性社員がいるなら、復帰しやすい状況を整えた方がいいじゃありませんか。僕はそんな提案をしているだけなんです。

幾多のハンディを考慮しても女性を活用すべき

▼「女性が苦手」は日本人男性8割の生活習慣病

僕は15年以上、自分が経営する店で何千人もの女性従業員を活用してきたノウハウの実践データを持っています。それを元にコンサルティングを求められることが、ここ数年、急激に増えてきました。

評論家や学者のような肩書きは僕にはありません。しかし、かなり複雑なケースでも女性心理の特性に沿って対応できる経験と実践があります。だから適切なアドバイスもできると自負してます。それも、普通のコンサルタントからは100年たっても出てこない裏技も山ほど持っています。

僕自身が実践してこなければ、ウチの事業は成長しなかったわけです。常に危機感を持たざるを得ないなかで取り組まされる業界だからです。なぜなら、僕たちの業界は報酬が日払いなので、楽しくなければ女の子は次の日に出勤してくれません。そんなわけで、相談を受ける企業に一歩足を踏み入れて少し様子を伺うだけでも、いろいろなことが見えてくるんですね。

たとえば、社内には休み時間に自然と人が集まる場所があります。そこの状態を観察するだけで、女性社員の気持ちや人間関係が大体わかります。

僕の店でいうと、接客スタッフのいるフロント。接客の空き時間、ここに女の子たちが集まらないということは、彼女たちがフロントの男性を嫌ってる証拠なんですね。すぐに何かの手を打たないと、彼女たちが次々に辞めていく可能性もあります。それほど末期的で危険な状態だと察知できます。

逆に、女の子たちのたまり場になるほどフロントの男性に人気があるなら、顧客を待たせないような対策を講じるだけでいいわけです。

これって、慣れない人には気づかない現象かもしれません。でも「わからないから」と見過ごすのは、経営の危機に確実につながります。気がついて手を打てば必ず回避できることなんです。女性心理を知って事前に準備すれば、危機管理ができるわけです。

これはほんの一例ですけど、中小企業の経営者の方たちには、こんなふうに僕独自の感情理論に基づいた人材育成や経営戦略のお手伝いをさせていただいてます。

と同時に、「どうしたらモテるようになるのか」という膨大な数の相談も受け、そのことは今まで本にもたくさん書いてきました。

実はこの「モテる男になる」ための基本は、当たり前ですけど、「女性とコミュニケーション上手になる」ことにあるんです。

だから、市場に出回ってる彼女へのプレゼントやデートスポットを指南するマニュアル本なんかで付け焼き刃の知識を詰め込んで攻略しようとしたって、女性に受け入れてもらえるわけがありません。内面がダメな人間が、外の工夫を重ねても、モテないことを実証していくだけで、しょせん無理な話。

じゃあどうすればいいかと言うと、最初に**「女性とのコミュニケーションが苦手である自分」ときちんと向き合い、見つめ直すこと**が大事なんです。

しかし、これが皆さん、なかなかできない。

仕事で女性が苦手な人も、モテない人と同様、自分と向き合わないままです。女性とのコミュニケーション不足と女性に対する理解不足から、行動面での間違いを繰り返す「生活習慣病」になっているのです。

でも、心配ご無用。それは特殊なことじゃありません。はっきり言って、日本人男性の8割はこの生活習慣病にかかってます。しかも、**生活習慣さえ変えていけば、予防も治療もできる**のです。日常のパターンを徐々に変え、女性心理に理解を深めていくことで改善可能な「治る病気」なのです。

生活習慣病の治療は「今の自分」と向き合うのがスタート

▼最初の一歩は「コミュニケーションを改善したい」

そこで、女性が苦手という生活習慣病を12週間で改善できるように編集したのがこの本です。**女性が苦手でなくなる、しかも女性たちから信頼される自分になって、稼げる女性社員を育てられるようになる本**なんて、見たことも聞いたこともありませんよね。

そうです。本邦初、僕が蓄積した体感データを、自分と向き合う「ABC」から、企業が女性を活用できる「女性力開発デザイン」のノウハウまで凝縮した一冊です。

意識を変えて具体的に実践することさえできれば、ほとんどの場合、すぐに結果は出始めるはずです。後藤芳徳にコンサルティングを頼まなくても、幹部研修などの講演を依頼しなくても、業績は上がってしまいます（その点だけは僕個人としては残念なことでもあるんですけどね）。

だからこそ、今まで女性とちゃんとコミュニケーションしてみることに立ち向かえなかった、真面目なビジネスマンや管理職、経営者のあなたにこそ、今すぐ読んでいただきたい。そしてこの本で、「女性苦手」の生活習慣病とおさらばしていただきたい。そう思っています。

だって、あなたはきっといい人に違いないですもん。社内の女性たちとうまくコミュニケーションを取ってみたいと思いながら、「どうもうまくいかない、苦手だ」って感じているから、この本を手に取ったのですよね。そしてあなたの方が変わろうとしている。これを「いい人」と言わずして、誰がいい人なんでしょう。

世の中には、女性社員とのコミュニケーションに気づかうどころか、「女なんてお茶くみとコピー取りができりゃいいんだ」って思っている人もいまだにいます。それに比べたら、苦手という自覚があって、改善したい前向きな気持ちがあるだけで、もう立派に解決への大きな一歩を踏み出してるんです。

でも、いい人って、自分がいいヤツなだけに、「自分は変わらずこのままで、周囲に理解してほしい」「自分からは何もしなくても大丈夫かな」という甘えと誤解を持ってるんです。まずはその点をしっかり自覚して、潜在的な甘えを一切捨て去ってください。

いい人だからこそ、この本であなた自身が変化して、女性社員たちから信頼を寄せられる社内の「モテる人」に、1日も早くなっていただきたいと願っています。

勘違いしないでくださいね。社内恋愛をしましょうと言ってるのではありませんよ。

いい人が、女性たちから支持されることが、世のため会社のため、ひいてはあなた自身のためになるわけです。

まずはざっとひと通りこの本に目を通して、できることから少しずつトライしてもいいし、トレーニング最初から順番に取り組んでもOKです。

ただし、気をつけてもらいたいのは、これは単に技術的なマニュアルではありません。すぐに効果が出始めますが、油断すると元に戻ってしまいます。だから**自分のものとして日常の中で柔軟に応用させる工夫**を忘れないでほしいのです。

それから、最初の第1～2週の章だけは飛ばさずに、自分の中でかみ砕いてから先へ進んでくださいね。何度も言うように、**今の自分自身と素直に向き合うことからすべてはスタートする**のですから。

潜在的な甘えを捨てて、12週間で病気を克服せよ！

1~2週目
我が身を振り返り、思い込みを捨てよ！

最初は現状認識と基本習性の変革を目的とした
「いい雰囲気づくり」のトレーニングをします。
まず男女の特性や価値観の違いを認識しながら、
これまでの女性に対する考え方や接し方を振り返ります。
何をどうすれば女性に受け入れられやすいあなたに変わるかを
具体的に示唆するので、ここをしっかり押さえてください。

▼まずは認識しよう、「男と女は違う生き物」

あなたにちょっと考えてもらいたいんです。

世の中には男と女しかいないのに、なぜ、いつの時代も思うようにいかないんでしょう。仕事の場だけではありません。恋人や夫婦でさえ思いや意図が伝わらずに「どうしてオレの気持ちがわからないんだよ！」と、理解に苦しんでいる。僕のもとにも、そんな相談がたくさん来ます。一体どうしたら、男と女はもっと分かり合えるんでしょう。

実は、答えはそんなに難しくありません。**男女の特性の違いを理解すればいい**。これだけで、異性に対する疑問もかなり解けます。「まったく違う生き物なんだ」と納得すれば、気持ちもずいぶんとラクになるし、相手に合わせる心の準備も整います。

なにもこれは僕が考えたのではなく、理屈はいろいろな本にも書いてあることです。

男は太古の昔から狩猟に出かける生き物。目標を定めて獲物を得ることを得意としてきました。データを集めて目標物を射止めようとする、その獲得までのプロセスを理論的に考えるのが特徴です。だから普段のコミュニケーションでもハンターなんですね。女の人へのコミュニケーションにおいてさえ、感情よりも理屈で説得しようとしてしまう。

対して女性は、男が狩りに出た後、洞窟の中で周囲の女性たちとのコミュニティにいながら、子供を守り育てる。つまり、狭い空間でもストレスが増さないような関係づくりそのものが目標なので、感情を大切にします。周囲に気を配って柔軟でいなければ、孤立してしまい、生きていけない。だから、データや理屈より周囲の噂やクチコミに敏感です。

女性は好きになる相手の男によって、ルールを変える柔軟性も持っています。女性には幼稚園の先生からヤクザの女になることがあり得ますが、男は小学校の先生が元極妻とつき合うことはほとんどない。女性にはそれだけ柔軟性があるということです。

このように、それぞれ優先するものが「理論」か「感情」かというだけでも、コミュニケーションする上でずいぶん大きな食い違いがでてきますよね。

もちろん、男女とも、どちらからも考えているんですよ。でも、優先順位が違うので世界観がまったく変わるんです。それほど価値観というのは、優先順位がひとつ変わるだけで人生が変わるほどの重大事項なのです。

たとえば、「お金も愛情も大事」って同じことを言ってる二人でも、かたや「お金より愛情」で、かたや「愛情よりお金」と、優先順位が逆だったら、最終的には違うことを選ぶことになります。

だから、「感情優先」の女性に不満があって、「理論優先」の男がいくら正論で説得しても逆効果となってしまうケースが多いんですね。

「とりあえず今の私の気持ちを聞いてもらいたいのに!」と思っている女性からは、その気持ちを聞き出さなければ前には進みません。
たとえあなたの方が筋が通っていたとしても、女性は素直には動いてくれないのです。

価値観はひとつ入れ替わると人生が根こそぎ変わる

▼男は「方向性と結果」、女は「関係性とプロセス」

では、男が理屈で説き伏せようとして必死になっている間、自分の気持ちを聞いてもらえない女性は何を考えているのでしょうか？

話の内容よりも相手の「空気」を読んでいるのです。自分に対する一生懸命さとか熱意とか、そういった雰囲気です。だから、「なぜ今、この仕事をする必要性があるか」なんて、理屈の説明に頭を使ってもうまくいかない場合がほとんどです。

女性の方で「ここまで一生懸命話してるんだからきっと重要なことなんだろう」とか、「ここまで食い下がってくるんだから少しは自分も頼られているんだろう」と仮定して、自ら調整してくれた結果、動いてくれることはあり得ます。だけど、それは決して理論とか理屈が通ったからではないんですね。論理の正しさも大切ですが、何よりもまず感情的な好感、納得があって初めて論理の説明を聞く準備が女性側にも整うのです。

女性は、相手が自分にどう対応してくれたか、また問題にどう対処してくれたかという「プロセス」を通じて自分と相手との「関係性」を見てるんですね。「ああ、私のためを思ってやってくれたんだな」と、そこに込められた感情を読み取ることで、相手への信頼を深めるものなんです。

逆に怖いのが、このプロセスの芝居が上手な詐欺にひっかかってしまうこと。男よりも女性の被害が圧倒的に多いのは、この特性が原因でもあるわけです。

男はハンターですからね、まずは獲物となるターゲットと方向性をきちっと決めて結果を出すことに注力する。その方が特性に合っていてラクなのです。でも、男の側にとっての真実や筋だけで物事を考え進めていこうとすると無理が出てしまう。

まずは女性に対して、自分とはまったく違う「**関係性とプロセスを重視する、感情優先の生き物である**」という特性を持ってることを理解しましょう。

たとえ今は理解できなくても、このことを前提にコミュニケーションをしてみましょう。このトレーニングが、女性社員と同じ職場で共存していくための土台づくりとなります。ただ頭で理解するんじゃなく、その特性を認めて歩み寄っていく気持ちが大切なのです。

土台となる職場での人間関係がある程度できれば、少々の誤解が生じたって、双方とも相手の真意を理解しようと努力する余地が生まれます。だから、ほとんどの問題は解決します。これは僕の会社でも日々同じです。

たとえば、あなたが、ある女性社員を思いやって行った行為が、彼女の価値観に反していたとします。ここで、人間関係ができていないと「なんて無神経な人なの」と、忌み嫌われてしまう確率が高い。あなたは思いやりを持ってしたことであったとしても、彼女なりの解釈で、いきなり確定的に断定されてしまうのです。こうなると修復はとても難しいのです。

でも、最初に関係づくりができていれば、いきなりあなたとの距離を遠ざけようとはしないでしょう。誤解かもしれないし、悪気はないかもしれないと思ってくれます。

むしろ「そういうこと、他の女性に対してするとマズいと思いますよ」と、同じ過ちを犯さないように、表現方法に気をつけながらアドバイスしてくれるかもしれません。

理屈で命令する前に関係づくりを。それが早道

▼あなどるなかれ、女性の直感力の鋭さ

さて、女性は男よりカンが鋭いというのは、よく言われますよね。子供を産み育てるために、男より動物的なセンサーが敏感なのかもしれません。「バレるはずのない浮気がなぜ？」なんて、女性の直感力の鋭さを実感してる方も多いかと思います。

鋭いカンもさることながら、そこには女性が男の気づかない細かい点を見るという、**「情報収集パターンの違い」**があるのです。この特性をビジネスに活かすことができれば、より効果的な判断材料を集めることができると思いませんか？

男が社会的な「タテ方向」の情報収集、つまり、企業ではルールやシステムの問題に敏感なのに対して、女性は「ヨコ方向」、いわゆる人間関係の問題に敏感です。「A君はBさんに気があるのよね」なんて情報もかなり正しい。80％くらいは当たりです。

だから経営（マネージメント）には、タテ方向思考の男性が基本的に向いてると僕は思います（もちろん、素晴らしい女性経営者も知ってますけどね）。

しかし、男性的な思考だけでは、企業の強みもうまく発揮できるかわかりません。そこで女性の力を使えば武器が驚異的に強化されるのです。商品開発、サービス改善でも、男は「自分の嗜好に合うか」で物事を考えるのに対して、女性は「自分だったら、これを仲

良しの人に勧めるほど魅力を感じるか？」と考えます。だから男は、好みのモノを「ここだけの話」にしてしまいがちです。こっそり隠してしまうとかね。

男はいかに戦うかを考えることに長けてるんですが、ヨコ方向思考の女性は、戦わないための仲良くなる方法を考えるのが得意なんですね。

「その営業トークは押しつけに聞こえるから、こういう言い回しがいいかも」とか「この商品をセットにして販売したら、一緒に使う物だから喜ばれるかも」なんて、実に細かく柔軟に戦術を立ててくれます。カンが良くて仲間を増やしていくことが得意なんで、そういった女性ならではのアイデアが、今の市場戦略にはとっても有効なのです。

だから、女性の方が得意なことは任せた方が好結果が出ます。

経営は必然的に誰かと常に競争しているので、ほとんどの会社は経営の「戦略」は変えちゃいけないんですよ。男性がしっかり握って、女性やお客に手綱を渡さない方が得策なケースが多いでしょう。しかし、戦っている会社でも、「戦術」は女性の特徴を活かして常に柔軟に変化させていく。

賢い経営者は、ここを巧みに使い分けているんです。

女性は「話のネタになるか」で好き嫌いを分ける

▼男性よりはるかに長い女性の成長期

タレントに酒井法子さんっていますよね。彼女が10代でデビューした頃、自分のことを「のりぴー」って呼びながら、ヘンテコな「のりぴー用語」をしゃべってたのを覚えてますか。「変わった女の子が今は人気あるんだなあ」と非常に印象に残りました。正直言うと、「バカなのかな?」とも思っていました。

しかしそれは、とんでもない誤解だったのです。

彼女は今、中国語がペラペラだそうです。デビューした頃には中国語は話せなかったでしょうから、ある程度、年齢を重ねて子育てもしながら外国語を覚えたんですよね。実は相当に頭が良かったわけです。まあ、若い頃から「のりぴー語」なるものを作るくらいなので、言語能力は高かったともいえますが。

あと、工藤静香さん。彼女だって、キムタクの妻として彼に恥をかかせないように、賢い姉さん女房してるそうですね。いや、直接は知りませんよ。テレビで観た話ですが、キムタクのサーファー仲間全員の弁当をつくったりしてるそうですね。そして絵は二科展にずっと入選、宝石のデザインもしてる。彼女も昔から優秀だったかというと「夕焼けニャンニャン」では、とんねるずに突っ込まれたことに見当違いな反応をする、天然キャラだったわけです。僕の知り合いにも、10代のころから毎晩飲んだくれていたのに、つき合った男の人の影響で勉強に目覚め、大人になってから勉強を始めて六大学に入り、弁護士を目指している女性がいます。

男の人でも、昔はグレていたけど、改心して困難な資格試験に合格したりする人が時々います。でも圧倒的に女の人の方が変身するケースが多いんですよ。男はあまり変わりません。

前章でもお伝えしたように、マックネマーとクズネッツという統計学者の研究によると、ＩＱの平均値は男女ほとんど変わらないのに、女性の大半が平均値の前後に分布してて、男は高いグループと低いグループの両極に分布するとされています。

ＩＱが能力のすべてではないですが、男の場合って、この序列はガキの頃も大人になってからもたいして変わらないと思いませんか？

10代半ばまでにできた優劣の序列は、本人の努力によって大学のランクや就職した会社で多少崩れます。でも時間が経つと、次第に元に戻っていく。優秀なやつは優秀なまま、ダメなやつはダメなままで、ほとんどの男性の人生は知能指数の分布通り、二極化するんです、現実を追っていくと残念ながら。

だけど女性は生涯を通じて何度も序列が入れ替わります。

この現象は、僕が経営する店舗の女の子たちと男性を比べても、アドバイスに行く企業の女性社員を見ても実感します。

つまり、女性には大きな当たりはずれがない。そして変化の可能性も大きく持っている。コミュニケーション力もあるし、基本的な能力も基準をクリアしている。誰でも逆転のチャンスがある。上司の接し方ひとつで能力が開花することも珍しくありません。

男は才能の芽がある人間でないと、上司の指導で変わる範囲が女の人よりも狭いんですね。しかも凹凸が激しい。上か下へ極端に分かれますから。

特に、僕のもとに相談に来るコミュニケーションに悩む男性は、どうにもならないダメ男と、IQは高いけれど対人関係は壊滅的なEQ低迷男に大別されます。僕らの業界に求職に来る、IQが高くて気の利いたコミュニケーションもできる、すなわちEQも高い男って、ひと癖もふた癖あるんです。前科者とか変わり者とか。

しかし、女性は元々のIQが極端には低くないから、その気になれば驚異的な急成長を遂げる場合があるわけです。年齢は関係ありません。たとえ70歳の未亡人であっても、それからつき合った男性と同じ趣味を始める人もいるんです。

男性には、これはまず考えられない。30歳を超えたら、つき合った女の趣味が移るなんてことはまず起きないんですね。

女性は死ぬまで成長を続けるのだ

▼「いい人材に恵まれない」と嘆く前に考えるべきこと

あなたは「ダメな部下ばっかりだ」「いい人材なんてウチに来たことがない」と思っていませんか？　だとしたら、あなたにも問題があるかもしれませんよ。

もちろん社員にも問題はあると思います。でもダメ社員はどこにでもいるわけで、世の中には上手にダメ社員を使いこなして利益を上げている会社があるんです。少なくともあなたにも工夫の余地があるはず。

パレートの法則ってありますよね。いわゆる「2・8の法則」です。たとえば経営上では、上位2割の人間が8割の売り上げや利益をつくっているって話です。そう考えると、あなたの部下にも2割の上位人間がいるはずです（まあ、上の2割だけどたいしたレベルではないというケースも往々にしてあるんですけどね）。

もしも、部下が全員女性だったら、先ほどのＩＱ分布のデータと、上の人間によって急成長する柔軟性を加味したら、全員が伸びる可能性だってあるわけです。それを育てられないということは、可能性を潰していることになります。そうなると、かなり罪は重いですよね。

特に女性社員の仕事の質は、言い方ひとつで大きく変わりますから、利益が前月比で倍になることも珍しくありません。また逆に、**たった一度の心ない言葉で潰してしまうこともあります。**日常のささいな気配りに欠けて、女性社員のやる気を削いでるのもよくあるケースです。

日頃の言動を振り返ってみてください。あなたはそんなことしてませんよね？

たとえば社長や上司への来客が多い小さなオフィスで、昼の12時を過ぎても、ずっとお客様が帰らない。そんなときに女性社員は昼食を食べるに食べられず、時計を横目に我慢してるわけです。平均的なＯＬであれば、彼女にとっては貴重な昼休みです。優秀な秘書だったらビジネス上の最善の選択だけを目指せるかもしれませんが、そんな人は稀です。

こんな我慢が続くと彼女は来客に対して不機嫌な応対をするようになる。それに気づいた上司は「接客態度が悪いじゃないか」と叱るわけです。でも彼女がなぜ不機嫌になるのか、その根本原因には気づかないんですよ。

ますます彼女は不満を溜めていきます。「先に昼休み取っていいよ」と、たったひと言だけ言えば、12時前の来客恐怖から逃れることができるのに。

もしくは「来客中に12時になったらひと声かけて」と、あらかじめ伝えておくなんて手もあります。そうすれば、彼女から「お客様のお食事は、何をご用意すればよろしいでしょうか」なんて、気の利いたセリフも言ってもらえます。しかも、客側からの印象だってぐんと良くなります。

さらに加えるなら、「キミの昼食を待たせるつもりはないが、来客との打ち合わせが長引くことがあるから、そのときには『銀行に行きます』とでも言って、ついでに飯を食っていてくれ。待っていると思うとオレの方が気になるから」と言っておけばよいのです。

本来は、それらの仕事から生まれる利益で社員が養われているのですから、口を挟むのは「けしからん」というのが正しいと僕だって思います。でも、それでは他にしわ寄せがきます。

昼休みになったからといって無断で食事に出かけるのはさすがにちょっと非常識ですが、「銀行に行きます」とひと声かけてくれるのなら、食事くらい先に取ってもらった方が気がラク、という社長や上司は多いはずです。

上司のささやかな一言で、人間関係は円滑になるものです。

> 女性の部下を我慢から解放しよう

▼コミュニケーションの前にまず自分自身を知ろう

さて、男女の違いや女性の特性はだいぶ理解できましたね。では、どうすれば、女性とのコミュニケーションがうまくなるのでしょう？

それは、ひと言で言えば、己を知るところから始めなければなりません。**女性から相手にされない男性にはまず、現状認識ができていない傾向が強い**のです。

「運さえ良ければうまくいくはず」

「仕事でカッコイイ場面を見せるチャンスがあれば認めてもらえるのに」

なんてことを思っているとしたら、現実を見つめずに、自分の思い込みだけで言い訳を繰り返す、典型的な女性にモテないタイプですからね。

これを、新規開店した飲食店の経営に例えると、客が入ってこないのに「そのうち来るはず」と対策をこうじず、希望的観測で逃げているようなものです。

そういう経営者がしなければならないのは、店が客に喜ばれる味やサービス、メニューであるかを検証し（**＝自分を見つめる**）、顧客の開拓法を模索して、具体的な手を打つ（**＝対策を立てて実践する**）。そして、顧客のリピート率を高める手段をこうじて、日々の営業を続けること（**＝正しい方法を繰り返す**）です。そうでなければ、店はすぐ経営的に行き詰まります。

現状認識ができていれば、対処の仕方はいくらでもあるんです。足りない点を補って、会社や店の立て直しもできる。つまり、自分自身を改造して、初めて現状から脱することができるんです。

多くの場合、解決策を実行するよりも、真実を明らかにする調査に最も時間や労力がかかります（それだけ難しいとも言えるのですが）。

その上で、自分を見つめて現状を正しく認識する行為は、それなりの勇気が必要です。特にプライドの高い人やエリートにとっては。

ただし、エリートの中でもホンモノには常に柔軟性があります。そして素直です。反対に、学歴はあっても到達したいと望んだ高みにまで至れなかった場合、意固地になってしまう人がけっこういます。

いずれにしても、コミュニケーションがうまくいかない背景には、必ずやあなたにも少なからず原因があるんです。だからこそ、覚悟をもって素直になる必要があります。

現時点では**「自分が人の目に好ましく映っていないかもしれない」**との前提に立つ。そして、円滑なコミュニケーションができていない以上、**「自分を客観視する習慣を、常に意識して身につける」「他人の意見に耳を傾ける」**という心がけを持つことです。それが結局は一番早い解決方法です。

極端な例ですけど、僕のもとにはストーカーまがいの男性からの相談もあるんですね。彼らの特徴は、現実をまったく認識できていないことです。自分の非常識な行為を棚に上げて、相手の女性が冷たいと怒ったり、もっと自分に対して誠実に接するべきだなんて言います。気持ち悪いですよね。

僕の知人に、ストーカー本人に同じ行為を仕掛けて対処する「カウンター・ストーキング」と呼ばれる方法を用いる探偵がいます。自分がしたことと同じストーカー行為を探偵から仕掛けられると、普通の人以上に過剰反応をして大抵はすぐに逃げ出すんだとか。自分の行為の相手に与える影響がまったく分かってないんですね。自分を正しく見ることもできなければ、相手の気持ちを察する共感能力も欠落してる。悲しいことに、年々そういう人は増えていると感じています。

「気持ち悪い」と思われていないか、厳しい自己チェックを！

▼「生理的に嫌われない自分」を準備する

ストーカーには、「まさかこの人が」というようなエリートの頭脳犯もいますけど、やっぱり女性に「あの人、なんかおかしいよね」と、見た目や行動パターンで判断されるタイプが多いですね。男の目から見ても、雰囲気が澱《よど》んでいる人がほとんどです。コミュニケーション能力が劣っているのは間違いありません。

でも、ストーカーじゃないのにそう噂されたり、「オタクっぽい」とか「キモイ」と陰で言われてる男性が多いのも事実。可哀想だと同情はしますが、仕方がない面もあります。女性から、こういった生理的に嫌なイメージを持たれている男性は、雰囲気づくりが下手なんです。変な空気をまとっている。

だから、そのままの雰囲気でいくら努力しても、ますます多くの女性社員から嫌われるという結果を招きます。その男の人が持つ気持ち悪さが、努力すればするほどシステマティックに早く伝染するという悲劇が起こるのです。

男の人が想像する以上に、このカテゴリーに含まれる人は多いのです。少なくとも、今までの人生で女友達が少なかったとか、女性とつき合った経験が極端に少ないという人は要注意です。気づかないうちにそのようなオーラを発している可能性があります。早急に手を打ちましょう。

女性から生理的に受け入れられないということは、この先、どんなにコミュニケーションを工夫して頑張ってもすべてムダという、それほど恐ろしい現実なのです。単にセリフや立ち回りの問題ではないからです。そのことをしっかり認識しないといけません。

女性には男性よりも第一印象が肝心です。新入社員や初めて会う女性から最初に、「この人イヤ」と思われてしまったら、その感情を覆すのはかなり困難です。

最初にちゃんと準備をして、良い印象を持たれた上で関係性を築くことができれば、仕事における方向性の示唆《しさ》だって容易です。最初にクリアできたら、真剣にお願いすればたいていのことは聞いてくれるし、こちらからの情報も誤解されるケースが少なくなります。だから、最初の印象づけや対応を間違っていたり、いいかげんにしていると痛い目に遭うのです。

自分の雰囲気を変えるのに、いちばん手っ取り早くてきてしかも効果的な方法があります。**「ファッションを変えてみること」**。これは思いのほか効果があります。僕もこの指導をしながら、多くのことを学びました。人間は、身に着ける物から想像以上に影響を受けているのです。

さて、一度ファッションを変えると決めたら、しっかりイメージを決めてから買いに行きましょう。店員に勧められるままではダメ。売らんがために努力をしているので、あなたと本質的なニーズは合いませんから。それにあなたが気に入った身なりでなくては、意味がないんです。

イメージや雰囲気がそれほど遠くない、あなたに似ているタイプの有名人をモデルにするといいでしょう。一見すると世の中ではハンディとされている要素を持っているにもかかわらず、実態は女性にはモテていて、「あんな風になりたい」と思える男性が理想です。

あなたがもし太っていたり、ハゲていたら、そういうタレントで、モテそうな人のファッションを真似るのもいいでしょう。また、タレントや俳優でなくとも、スポーツ選手や政治家、経営者、芸術家など、独特のオーラを持っている人の真似をするのもＯＫです。

イメージを固めたら、試着をして、できるだけその人のイメージに近く、なおかつ気に入った服を買いましょう。

ただし、**絶対に地味な色はやめてください**。初心者ほどこれは必須事項です。極端に派手な格好をしてくださいと言うのではないですが……。

内気な人はただでさえ、地味な色を好む傾向があります。それによって自分を世の中から目立たなくしているんです。僕は恋愛できなかった人を何度も改造してきましたけど、モテない人間に選ばせると、大抵が地味な格好を選ぶ傾向があるんですね。

モテない人が地味な格好を選んでも、絶対にシブい空気は漂いません。自分改造計画の成功後ならば、地味な服だってシックやお洒落に見えますよ。でも、変身前に暗い色で固めていたら、単に存在感がなくなるだけ。あるいは気持ち悪さが増すだけです。

ここは勇気をもって、明るい色に挑戦してみることです。

ただ成金ファッションだけは避けましょう。お金をかけてブランドで身を固めたからって、あなたが生まれ変わったように立派に見えるわけじゃありませんから。初心者はかえって浮いちゃいます。

女性に受け入れられるファッションの基準は「**ノーマルであること**」です。特別だから良いということはありません。普通の格好ではお洒落の称号を獲得するのは難しいかもしれませんが、大きく外すこともありません。

もし、自分のことを「シャイだから無理」「内向的なのは直せない」と言って、いつまでも変えようとしないのであれば、それは単なるエゴです。

僕自身も、かつてはそうだったので反省しました。そう言って自分を防御することで、コミュニケーションの努力を放棄してるんです。人間関係構築の最初の一手を、一方的に相手の努力に依存してることになります。

それから、もうひとつ注意があります。

10代の頃、多少女の子にモテていたから、今も女性に好かれると思っている男性がいますが、これは大いなる勘違いです。

10代である程度モテることの本質を肌でつかんでいれば、死ぬまでモテます。でも本質をつかんでいないまま上辺でモテてしまって年をとると、社会人になった途端に女性から好かれなくなるんです。モテていた理由が、単にルックスだけだったり、スポーツをしていただけかもしれない。そんなものは、大人になると無意味なんです。

本質を見極めましょう。

見た目を変えよ！　気づかい皆無だから変な格好をしているのだ！

▼固定化された日常のパターンを変えてみる

さて、次には、あなたの日常で固定化されたパターンを少しずつ変えていきましょう。

あなたは、通常は毎朝同じコースを出勤して、仕事をして、同じ家路をたどって帰るというパターンを繰り返してはいませんか？　もしそうなら、こういった**日常の繰り返しに一日ひとつでいいから、変化をつけてみる**のです。

手っ取り早くできるのは、通勤経路を変えてみることです。同じ道を歩いて、同じ時刻に同じ車両に乗るという経路を少しずらすんです。早起きして、普段は乗らない早朝の電車に乗ってみたり、あえて遠回りして通ったことのない道を選んでみる。朝は時間が取れなくても、帰り道なら変化をつけることができますよね。その中で、普段は気づかない、思わぬ発見があるかもしれません。「たかがそんなこと」と思うかもしれませんが、これだけでも脳が刺激を受けるので、自分を変えるのに大きな効果があるんです。

仕事が早く終わった日や休日には、散歩や軽いジョギングもオススメです。無意識のうちに日常の流れ作業となっていることを減らして、脳に刺激を与えましょう。特に散歩は、歩きながら視点を動かして心理状態を変化させるという効果がある。つまり、目の動きと心の動きは密接に関わっているんですね。

このことは、「ＥＭＤＲ」という眼球の動きを利用したＰＴＳＤ（外傷後ストレス障害）やトラウマの画期的治療を提唱する、アメリカの臨床心理学者フランシーヌ・シャピロ博士自身が散歩中に思いついたのだそうです。それを知って、僕も散歩を心がけるようにしています。心がすっきりするのはもちろん、アイデアなども出てくるので役立ちますよ。

それから、僕は時間をつくって博物館や美術館にも行きます。

うまく絵を描くことはできませんが、鑑賞するのは大好きです。絵を観ていると、そのときに開いている回路はいつも開いている回路とは違っているんじゃないかと思うんですね。なので、絵を見た後でのコミュニケーションは、そのとき開いた回路によっていつもと少し変わります。

自分に刺激を与えて、使っていない回路を開け！

こういった人間の内面からわき上がる感覚に敏感であることは、ビジネス上でもすごく重要なことで、ビジネスチャンスに気がつく人は、この感覚が鋭いんです。多くの人が見過ごしてしまう、気がつかないところにチャンスを見つけます。

女性に好かれない人は、この感覚も鈍いか、気づいても無視する傾向が強いんです。無視する人は自分の内面からの情報を信頼していません。

リスク管理ができる人は、内面の声に耳を傾け、いつもその感覚を研ぎ澄ましているのです。

▼「忙しいから」は相手を拒絶するセリフ

よく、「忙しくて時間がないからできない」と言う人がいます。

確かに、この厳しいご時世、ほとんどの企業で一人当たりの仕事の絶対量は増えているはずです。散歩する暇も美術館に行く暇もつくるのは難しいかもしれません。でも、簡単に「忙しい」と口にする人に限って、一杯飲み屋で仕事の愚痴をこぼしてる。そんな非生産的な暇はあるんですから、それならただ言い訳しているだけということになります。

それに、こういう人は女性社員に向かっても「今、忙しいんだよ」って平気で突き放すんです。周囲のみんなが忙しいのにです。せめて言い方くらいは工夫しろ！　って話です。大事なことを相談したくても、こう言われたら引くしかない。相手を拒絶する言葉なんです。面倒くさいから言っているケースだって多いですよね。しかもそれは相手に完全にバレていますからね。

仕事ができる人は、たとえ膨大な仕事量を抱えていても、スケジュールがつまっていても、その場で5分の時間を割かなかったことで、大きなトラブルに発展するケースもあり得ることを知っていますから、状況次第で優先順位を変えて時間を割きます。

だから、「忙しい」とつい言ってしまう人は、部下の相談に5分、10分のすき間の時間をつくって、その時間の中で効率よく話を聞いて解決に導くよう心がけてみてください。必ず「聞いておいてよかった」ということも出てくるはずです。

それでも「やっぱりできない」「時間を割けない」と感じる人は、「これをやれば現状が変わる」と現時点で思いつくことをすべて書き出してみることです。そうやって自分自身の日常を見つめ、現状を認識するのです。けっこう隙間も見つかります。一日では足りなくて、書き出すのに数日かかってもかまいません。この準備に時間を割くのが先々になって役立ちます。

細かいことでもいいんです。すると、「これならできるかもしれない」「ちょっとやってみようか」と思うことが出てくる。あなたが現状を変えたいと心底願い、それを小さな事からでも行動に起こせば、必ず何らかの変化が訪れてきます。

大切なのは、小さなことで構わないから「実行すること」です。特にお金や時間がほとんどかからないものは躊躇《ちゅうちょ》する理由なんてありません。ぜひ、今すぐ取りかかるべきです。

5分の時間をつくるクセをつければ、少しずつ変わり始める

▼録音テープで自分自身のなにげない癖をチェック！

あなたは、自分が他人の目に自分がどう映っているのか、真剣に考えたことがありますか？

おそらく大半の人は、「多分こうだろう」という勝手な推測しかしていないはずです。残念ですが、**自分の思い込みと他人が見た自分には大きなギャップ**があります。女性は細かい部分までよく気がつきますからね。彼女たちとのコミュニケーションとなると、認識の格差はなおさら激しいというわけです。

デキる男の人は、自分の行動や発言が相手の目にどのように映るかを、前もってわかった上で行動します。だから格好いいのです。決まっているのです。

コミュニケーションが下手な人の場合、言いたい内容がまったく伝わってない方が多いでしょう。特に難しいのが、感情表現です。同じセリフひとつを取っても、身振り手振り、声の大きさや抑揚なんかで、まったく異なった印象を与えるものです。そもそも、その印象が同じであったら、役者なんて必要ありませんよね。

しかも、人にはクセがあります。愛らしいクセならいいんですけど、たいていの中年男のクセは、女性から「カワイイ」なんて思われるものじゃありません。いちいち「いわゆる、エー」の前置きが入るとか、話しながら腕を組んであごヒゲを爪で抜くとかも、女性社員にとっては、その場から逃げ出したくなるクセだそうです。これらは往々にしてあるんです。しかも本人は気づいてない。

ＯＬからの評価を聞くと、風俗や水商売などの女の子よりもずっと細かくて厳しいのです。この類は僕自身もやってるかもなあ、と反省しています。調査結果は、２００４年現在36歳の僕にもけっこうショックな内容です。

この際、その現実を直視しましょう。自分を客観視するのに有効な手段のひとつに「**普段の会話をテープやボイスレコーダーに録音して聞き直す方法**」があります。僕もよく取材や会議の内容を録音して、その後の移動時間などに聞いてみます。すると、気づかなかったポイントや、話し方の反省点を見つけることができるんです。声だけでも発見は大きいんですけど、映像が加わるとなおさらですね。

正直なところ、僕も最初はゲンナリしました。あまりに自分の意図してることが表現できていなくて。相手が相槌を打っているので伝わったのだと思っていた箇所も、相手が曲解していたのだと分かるし、自分の表現も最善な方法ではないことが分かります。

なので、自分のふがいなさを部下や同僚の女性社員のせいにしてる人も、「こんな話し方じゃあ、わかってもらえないのは当たり前だな」と、気づくかもしれません。それを自分で見つけてしまうと、最初はかなり落ち込むかもしれません。

もし、録音や録画までした自分の話す姿を見ても、なにげないクセや落ち度に気づかないとしたら、あなたはかなりの重症です。

録音録画で逃げられない客観事実を自分につきつけよ

▼「上司言葉」や「おやじギャグ」が習慣になっていないか

自分の声を録音してみると、部下を持つ立場の人は、話し方がいつも偉そうな「上司言葉」になっている場合があります。頼りがいがあるのと単に威張っているのでは、まったく違うんです。まず、その点を認識しましょう。

誰に対しても威圧的でイヤミっぽい。女性はそんな話し方が嫌いです。たとえ威張ったように表面的には感じる口調でも「オレはお前らが好きなんだ」というメッセージ性を、そこに乗せて発することができる人なら愛されるんですけどね。

逆に強い口調というのは、あえて使った方がいい場合もあるんです。僕の場合、社内の幹部の人間には、強い口調で指示采配をします。彼らには指示采配、命令の重要性を認識してもらうためです。

けれど、一般のスタッフには、できるだけ心を開かせて問題が起きそうなことを早期発見しなければならないので、オープンかつソフトな口調で話します。

　もうひとつ気をつけたいのが、まるで生きがいのように「おやじギャク」を連発するのが習慣になってる人もいるってことです。周囲に受けようとしてるわけで他意はないんですが、そりゃあ、面白ければいいですよ。しかしほとんどのオヤジギャグは面白くない。特に女性にはそう思われてます。

　僕の講演で、「困ったことは僕に言いつけてください。誰が言ったかわからないようにして、代理で社長に言いつけますから」と言うと、オヤジギャグ被害者の女性が窮状を訴えてきます。場の空気を読めないわ、タイミングも悪いわで、机を並べて一年中それを目の前でやられている女性社員にしてみたら、不快指数の極めて高い悲劇的なオフィス環境になってしまうわけですね。

　女性は、場の空気が読めないと「鈍い人」と判断しますから、こういう人を尊敬できないんです。なので、心当たりのある人は、ポケットにボイスレコーダーを入れて、録音したおやじギャグで周囲を苦痛に陥れてないか、第三者の視点でちゃんとチェックしてみてください。

威張るな、ギャグを連発するな、可愛がられる話をしよう

▼男と女、上司と部下で態度を変えていないか？

相手によって態度を変えるというのは、会社のため、仕事の業績のためとしての意図をもってのことなら必要です。それをとやかく言われる筋合はありません。大人の対応として、必ずやるべきことです。

しかし、単に自分の気分や都合で変えているのなら、女性社員からの尊敬はまず得られません。上の人間にはうまく取り繕いながら、それ以外には威張っているようでは、軽蔑されるのは必至です。

なにがなんでも出世しよう、というきちんと計算された目的があればまだましです。でも、こういう人は大抵の場合、リーダーシップも持ち合わせていないので、実際にたいした上司にはなり得ません。

部下や女性に異常に威張りたがるのは、両親が不仲で虐げられるような家庭環境で育ったとか、もしくは結婚してからも奥さんとうまくいかずに、馬鹿にされてるような環境にいる男性が多いんです。少しくらい威張るのは、子供っぽいだけで可愛いもんですけど。

それから、上の人間とうまく関係づくりができないという男性の場合、父親との関係がうまくいってなかったケースが多いんですね。父親を許さずに責め続けるような人だからこそ、上司のささいなミスも許せないのでしょう。しかし、人間誰しも完璧でいることは不可能です。

これはあくまでも僕が関わった人たちや、会社の中でのデータに過ぎませんが、非常に多い傾向だと思います。特に成長期に虐待された経験があると、成人してからも人を信用することが苦手になるので、上に立って相手をコントロールしないと安心できない。そういった根深い原因があると、本人がその問題を受け入れられない限り、直すのはなかなか難しいものです。

僕の会社に、かつて両親から虐待をされて、ほとんど音信不通にしてた男の子がいたんですね。でも、ずっと親を恨んで頻繁に親の悪口を言うので、僕も気になって、それを乗り越えさせようと親に会わせたんです。「近くへ来たから寄ってみたよ」と、ふらっと土産と親への小遣いを持たせて帰らせてみました。すると、「久しぶりだから上がってお茶でも飲んで行け」ってことになりました。そして帰りには「今日は泊まっていけないのか？」と言われたんですね。そして息子から小遣いを受け取ると、昔は虐待してた親だって「ありがとう」と感謝の言葉を言うわけですよ。

憎み続けていた親から感謝の言葉を聞いた瞬間、彼の心の中の氷が解け始めた。本当は親だって息子を愛してるし、出口を捜してたんです。彼自身も愛されたかった。親が変わるのが筋でしょうが、それができないからこじれているわけです。それなら先に気がついた子供から変わればいいんです。そうやって乗り越えるケースは多いんです。

ウチの会社や僕がお手伝いさせていただく会社では、必ず親孝行はノルマ化してもらいます。親孝行ほど割に合う投資は他にないからです。

自分の親子関係の問題を処理しておくべし

▼肩書き至上主義の幻想から目を覚ませ

近ごろは、肩書きや出身校がいくら立派でも、実力が伴わなければ生きていけない時代です。それでも、学歴という「権威」を手に入れるために今までの人生のほとんどを費やしてきた人たちは、ほかに手だてがないから、自慢したり振りかざして人を威圧します。

愛校精神はいいんですよ。だけど、違う学校の人間を排除するとか、学歴が低い人を侮《ぶ》蔑《べつ》するようになると話は変わります。そういう人たちは、テストで点数を取る受け身の勉強ばかりをしてきたので、人とのコミュニケーション能力が劣っていたり、社会に出てうまく立ち回れなかったりするケースが多いんです。

だから、東大出身の人は逆差別されて可哀想な人が多いと思います。特にベンチャー企業の経営者は「東大出は使いものにならない」って言う人が多い。いわゆる一流大学出身者を嫌う経営者は少なくありません。

実は、その大学に入ることによって証明されたことって、その大学に入る能力だけなんですよね。でも、仕事ができて当たり前という見方をされるから、できないと馬鹿にされるという、厳しい状況に置かれてしまいます。東大出ということで実力以上に期待をされてしまうわけです。

経営者からだけでなく、女性社員からも同様の目で見られます。肩書きや出身大学を自慢する人は、「他に自慢できるものがない人はイヤね」とか「仕事はできないクセに」なんて、心の中で思われてしまいます。これは学歴や肩書きのある人は充分に注意していただきたい。

真に能力のある人ほど、肩書きや出身校には寄りかからないんです。しかも、それらは人間性や性格に何ら関係ないことを彼女たちもよく知っています。

ですから、肩書きがないから、学歴がないからと言って、卑下することはまったくありません。本人が気にしてしまうと、それが卑屈な態度となって表れるから、女性からも敬遠されてしまうのです。

女性で肩書きや出身校にこだわる人は、自分も一流会社に入って、婚期を遅らせるほど我慢してきたようなＯＬさんや、学歴幻想を刷り込まれて育ってきた女性です。自分自身も幻想に縛られて苦しんでいるんですね。

学歴はその大学に入る能力しか証明しない

▼「チビ」「デブ」「ハゲ」は愛される要素に転換できる

僕の尊敬する師匠の一人に、『面白いほど成功するツキの大原則』などのベストセラーもあるメンタルトレーニングの第一人者、西田文郎氏がいます。本当に大好きな先生です。僕は太っていて、西田先生は頭がハゲている。だけど、それはハンディじゃなくて武器。西田先生は非常にモテるんです。一緒に飲んでいても、女の子たちが引き寄せられてくるほどの魅力があるのです。日本中のトップアスリートや経営者が西田先生に惚れ込むのですから、女性にモテるなんて当然過ぎるのですが。

かたや、腎臓を壊して水分代謝が最悪になったせいで、この15年間に40キロも太った後藤芳徳もまた、デブが女性とのコミュニケーションにまったくハンディにならないことを、身をもって体感しました。

さて、あなたの身体的な悩みは「チビ」「短足」「出っ尻」「団子っ鼻」、それとも何でしょう？

これら、見かけの欠点と本人が思っている要素って、実は女性に好かれないこととまったく関係ないのです。それをウリにして女性に人気のあるお笑い芸人だって大勢いますよね。むしろ彼らはそのハンディを逆手に生き生きと輝きを放っています。

要するに、問題はデブ、ハゲ、チビという個別の理由じゃなく、その人に「魅力がない」という、生活習慣病であるわけです。モテない人間が太ったらハンディです。魅力がない人間がハゲたらハンディです。今までの自分に自信が持てないから、身体的なことを理由に、ますます殻に閉じこもろうとしているんです。

自分さえ変われば、ハンディと感じていたことも愛される要素に変わります。だから、まずはこだわりを捨てること。もちろん、そう簡単にできない、いや、何がなんでもできないと言う人もいるでしょう。

もしそうであるなら、そのこだわりがなくなるまで徹底的に努力をすべきです。デブが嫌なら痩せる努力をする。ハゲが嫌ならカツラでも植毛でもする。中途半端より、思い切ってスキンヘッドにするのもカッコいいですよ。

顔にコンプレックスがあるなら、美容整形だっていいでしょう。僕は整形によって自信をつけた人を何十人も知っていますが、本当は整形で問題が解決するのではなく、それをきっかけに積極的になったことが問題解決につながっているんですよね。

ただし、太っている人が、ラクして痩せようというのは問題を先延ばしにしているだけでなく、状況を悪化させます。かえってリバウンドで太ったりします。世の中にはインスタントな解決策はありません。真剣に自分を変えようと、問題に向き合っていない証拠ですよ。

ハンディこそ、魅力的な武器に変えるべし

▼テクニックにあらず、日々の積み重ねを

さて、ここまで、最初に押さえるべきポイントと基本的な心構えを中心に書いてきましたが、長年培われてきたあなたの雰囲気や習慣が、たった数日で激変するというテクニックではありませんから、そこを勘違いしないでください。

心して日々続けることが肝心なのです。

なぜなら、不器用であっても女性に誠実さが伝われば、許される確率が高いからです。

今まで僕の本を読んでくれた読者の中には、表面的なことを上っ面だけ真似して、「結果が出ないいじゃないか」と主張してくる人が少なからずいました。そういった人たちの共通

点は、悪いことをすべて他人のせいにする、自己責任がとれないことです。そして何より、持っている雰囲気が、すでに気持ち悪い。

女性とのコミュニケーションでいちばん大切なことは、テクニックでも何でもなく、この雰囲気づくりなんです。雰囲気さえ良ければ、女性社員だって近寄ってきます。天の岩戸と同じことです。楽しそうなら、人は向こうから寄ってくるのです。一方、雰囲気の悪い人は、相手に何が起きているかを感じ取る感受性と、伝えたいことを意思通りに伝える伝達能力のどちらも欠けているのです。

「**いい雰囲気を持つ自分になる**」ことが、この「第1〜2週」のテーマとも言えます。最も基本となることなので、ここをクリアしないと、女性とのコミュニケーションは、一生スムーズにはなりません。

あなたが苦しんでやっていては、その雰囲気がまた相手に伝わってしまいますから、「きっとうまくいく」という、ポジティブな精神で取り組んでください。

大丈夫、まだ始まったばかりです。変化していく自分を楽しみましょう！

雰囲気しだいで女性は向こうから寄ってくる

1~2週目のポイント

CHECK ► 男女の違いと特性を知る。女性は「感情を優先。関係性とプロセスを重視」する。

CHECK ► 女性の勘の良さと柔軟性、成長性を仕事に活かすことを肝に銘じよ。

CHECK ► 女性を活かせないのは自らに問題アリと認識せよ。

CHECK ► 女性に受け入れられない自分を正しく見つめ変化させよ。

CHECK ► まず生理的に受け入れられること。服装、行動パターンも変えてみる。

CHECK ► できることを書きだして実行する。たとえ5分でも実行する。

CHECK ► 自分で気づかない口癖や言葉遣いなどは録音してチェックせよ。

CHECK ► 肩書きがあることや高学歴であることは上司の魅力と無関係。

CHECK ► ハゲ、デブなどのハンディはハンディにあらず、大敵は不潔さなり。

CHECK ► 日々ポジティブ精神で、良い雰囲気づくりを心がけよ。

3~4週目
女性とのコミュニケーションにまずは慣れよ！

女性社員への接触に慣れることを目的とした
「コミュニケーションの基本」についてトレーニングします。
気軽に声をかけられるためのちょっとした普段の心がけからタブーまで、
この週で身につけておきましょう。
楽しみながら取り組んでください。

▼自然体で、日常的に繰り返すのがベスト

さあ、それでは、いよいよコミュニケーションを実践してみましょう。

とは言っても、すでにあなたは、オフィスの女性社員と普段から接触しているはず。何らかの形ではコミュニケーションを取っていますよね。いきなり特定の女性に向かってしつこく話しかけたり、世話を焼こうとしたり、不自然なことをするのはやめてくださいね。「女って感情動物なんだよな」なんて、本人の前で無神経にわかった口をきくのもやめましょう。

女性が感情的なことを重んじるのは事実ですし、子宮で考えるという表現が当たっているような行動をとるケースもあります。だけど、それがどういう行動なのか分からないで表面だけ分かったフリをするのは無意味。誤解を招くだけです。あくまでも、自然な流れでコミュニケーションすることが理想です。慣れるまではぎごちないかもしれませんが、少しずつ話しかける数を増やしながら、だんだんと慣れていきましょう。最初は、「**自然に声をかけられるようになること**」を意識して、それを目指してください。

僕の弟子の野田慶輔は、合コンを500回以上開催して本も出しています。合コン本の元祖です。彼が本を出した後から数々の盗作本が出てるのですが、彼こそが初めて合コン

のノウハウを独自に確立した人間なんです。

さて、その彼の経験を活かして、営業マントレーニングのセミナーを開催した時期があったんですが、面白い反応が見られました。営業成績はそこそこ上げていたはずの男性たちが、好みの女性を前にするといきなり自然な営業トークができなくなってしまうんですよ。しかもかなりの確率で。そう考えると、男って単純でカワイイもんです。

でも、この男ならではの弱点も、女性と会話する数をこなしていけば解消できるものです。質の向上は、一定量をこなして特異点を越えれば自然にやってくるのです。

スポーツ選手でも芸能人でも、陰では地道な努力を続けています。むしろ好きでやっているから、本人は努力と思ってない場合が多い。一般人から見るとものすごい努力でも、楽しみながら日常の中で自然にやっている。その膨大な量をこなした結果、トップレベルに到達するわけですよね。

だから、あなたも自然に楽しみながら継続できるようになれば、女性が苦手の生活習慣病は治ります。それまでは、**基本に忠実に稽古を重ねるのみ**。武道でも技術を身につけるときは、数稽古、量稽古をこなさなくてはなりません。ズルしてラクをしようとしたり、要領よく横入りしようとする人には、救いの手はさしのべられません。

楽しい方法はあるがラクな方法はない。ズルは遠回り

▼いきなり「マメさ」や「優しさ」を演じるのは不可能

よく、マニュアル本には「マメな男がモテる」とか「男は優しくなければ好かれない」といったことが書かれています。確かに、女性から人気のある男は、気が利いてマメだし、優しいと思われることをさりげなくできるヤツが多い。しかし、だからといって、昨日まで女性を苦手としていた男が、いきなりそれを真似しようとしても、うまくいくはずがないんです。

だから、優しく思われようとか、マメに見せようと自分勝手な憶測で動いては逆効果だということを肝に銘じてください。まずは女性社員に話しかけることに、数と量をこなして慣れる。これがコミュニケーションの第一歩です。自然な雰囲気で声をかけることができて、そこで初めて、相手に受け入れてもらう準備が整うんです。

くれぐれも順番を間違わないように。

「マメ」と「しつこい」は似て非なるもの

▼すれ違うすべての女性社員に挨拶を

あなたの会社に女性社員が何人いるか把握していますか？　わずか数人の小さい会社の人も、大勢いる会社の人も、明日からは、顔を合わせるすべての社員に自分から挨拶をしてください。そうすれば、必然的に全女性社員に声をかけることになりますよね。

女性ばかりを選んで挨拶するのはダメですよ。全員に、できるだけ明るく、元気にです。

こうして、まずは「**今まで話さなかった女性社員にも、自分から声をかける**」というハードルを越えてみましょう。

もしもあなたが、いつも決まった部下を呼びつけて用事を頼んでいたら、今すぐやめて自分から動いてみる。そうすると、普段はやらないことをやろうとするわけですから、必ず誰かに尋ねければ分からないことが出てきますよね。新しくなったコピー機の使い方が分からないとか、補充する紙はどこにあるのだろうとか。

なぜ、こんなことから始めるかと言えば、日本人は新しいことに挑戦することに抵抗感を感じる「新規探索傾向が弱い」民族だからです。具体的にどうすれば効果的かという答えよりも、最初の一歩を踏み出すことに、多くの時間とエネルギーが必要となる遺伝子を持った民族なんです。

だから、現時点での自分ができそうな、小さな一歩を丁寧に進めていくことが結果的に最も早いのです。そこを無視すると、指導しても結果を出せないんですね。

この考え方は、ビジネスコミュニケーションの指導ではさらに効果を発揮します。恋愛と比べると難易度は低いのです。たとえあなたがいい人だと思われても、つき合いにメリットがあっても、恋愛対象として惚れられるとは限りません。しかし、ビジネスコミュニケーションは、あなたがいい人であり、メリットがあれば誰でもあなたとつき合いたくなるのは明らかだからです。全然カンタンで、ずっとハードルが低いのです。

だから最初はできることから。普段、声をかけたことのない女性社員にも自分から挨拶をし、尋ねてみる。そうやって自分から声をかける機会を増やしていきましょう。

あなたが自然であれば、いや、たとえぎごちなくても、相手だって挨拶や返事をしてくれます。あなたの中の壁を取り払って、ひと言声をかけるだけで、女性社員と言葉のキャッチボールが始まるのだという感覚を味わってください。しかも、大勢に元気よく挨拶すれば、社内の雰囲気が明るくなること間違いなし。いいことづくめですよ。

上司というと「上で司る」って書きますよね。でも実態は「下に潜り込む」方が職場はうまくいくのです。

上司は上で司るにあらず、相手の下に潜り込め

▼ひと言でも、一人でも多く声をかけてみる

あなたに初めて声をかけられた女性社員は、予想外の変化にちょっとビックリするかもしれません。でも、2度目3度目ともなれば、いたって普通に話してくれるはずです。

新しいことの苦手な日本人ですから、あなたが新しいチャレンジに抵抗を感じるのと同様に、あなたの変化を受け入れる相手にも抵抗があります。だからこそ、丁寧に進む必要があるのです。

そしてもうひとつ、ここで**声をかけた相手の反応にも気をつけてみましょう。**

もし、何度か話しかけても、嫌な顔をする女性社員が複数いるようだったら、もう一度、自分の雰囲気や身なり、清潔感などをチェックしてみてください。

さらに、**声をかけるタイミング**もよく考えてみる。相手がいかにも忙しそうだったり、電話を取ろうとしているときは最悪のタイミングです。声をかけても大丈夫そうなタイミングを見計らうことも、相手を気づかうトレーニングのひとつです。

そもそも、毎回嫌な顔をされても気がつかない男性だったら、このトレーニングをしても意味はありません。人とコミュニケーションができる、最低限の感性も持ち合わせてないからです。失敗が続くと落ち込んで明るくいられなくなってしまうあなたが、自信をつ

けるためのトレーニングなのです。

だから、５人に声をかけて反応も上々、「なかなかいい調子だぞ」と感じたなら、今度は次のステップに進みます。別の部署の女性に、もしくは小さい会社だからそんなに女性がいないという人は、取引先の女性社員とか、道ですれ違った女性などに、道順や時間など質問をしても角が立たないことを自然に尋ねるという練習をしてみる。

自分の内面のイライラドキドキを減らすのが目的です。上手にできなくても、この段階ではよいのです。

ひと言でも、一人でも多くの女性に繰り返すことで、自然な雰囲気で声をかけられるあなたになっていくはずです。

コミュニケーション初心者は数稽古、量稽古

▼コンビニに行くときでも「周囲にひと声」

さて、今度はあなたが、女性社員から用事を頼まれる番です。

といっても、そんな大げさなもんじゃありません。お昼の弁当や３時の休憩、残業のコ

ーヒーやパン、カップメンなんかをコンビニに買いに行くことってありますよね。そのときに、自分の分だけじゃなく、**「何かコンビニで買ってくる物ある？」**って、周りの人に向かってひと言、声をかけてみましょう。

たったそれだけでいいんです。

だって、どうせ行くなら、何人か分のコーヒーやお茶を買ってくるくらい、たいした手間じゃないですよね。

今までそんなことを一度もしなかったあなたなら、周囲は「とんでもない」という素振りで断るかもしれません。「えっ、いいですよ！」とびっくりして断る人もいるかもしれない。それらの反応って、今まで優しい気の利いた言葉を、あなたがいかに周囲にかけてなかったかという証明です。

たとえすぐにその場で頼まれなくても、一度限りでやめずに、コンビニに行くときは必ず声をかけてみてください。3回目には、誰かが代わりに「自分が行きますよ」と言ってくれます。もしも初回から「私が行きます」と言われても、それでもあなたが行きましょう。「いや、自分で見て買う物を決めたいから」などと言って。

実際にあなた自身が率先してやることを部下や同僚はよく見ています。特に女の人は。

この「コンビニ作戦」の良い点は、誰に何を頼まれたかをあなたがまとめ、買い物をしてきた後もあなたが品物を配って代金を精算しますよね。その際に、女性社員たちと会話をする。その会話のやり取りと「あなたが買ってきた」という行為が、双方の距離を縮めることです。

　プリンを買ってきたあなたに向かって、「ありがとうございます！」って、女性社員が親しみを込めた笑みを見せたら順調です。

　あなたがサラリーマンであれば、たとえ上司の立場にある人にも無理は言えませんが、経営者であれば、僕は「社長、あなたが全部払いなさいよ、ジュースくらいは」と言います。見栄を張れってことではないんです。社内マネジメント上、その方が効果的だからです。安い福利厚生です。

　こうやって、周囲に対して男女を問わず、あなたが経済的にも労力的にもムリにならないことを、**友達にするように助けてあげる**んです。あなたが頼りがいのある存在になれば、人は自然に集まってきます。

　人というのは集まらないときはまったく集まらないのに、一度集まりはじめると、放っておいても集まるものです。

ちょっとした気配りの効果は計り知れない

▼ささいなことを尋ねてみる

女性社員に自然に話しかける行為に慣れてきたら、今度はちょっとした質問をしてみるステップに進みます。

「あの件を調べて教えてよ」などと、相手にわざわざ手間をかけさせることではなく、**すぐに答えてもらえる、ささいな質問**ですよ。

例えば、取引先のファクス番号を教えてもらうとか、宅配便が集荷に来るのは何時か尋ねるとか、何でもかまいません。

ただし、まったく仕事と関係ないことをわざわざ聞かないでくださいよ。身体のスリーサイズなんか聞いたら最初はヘソ曲げるでしょうね。

コツは、どの女性社員であればその答えを知っているか、ちゃんと考えてから尋ねることです。何も考えないで闇雲に聞いたら、相手は「何でそんなことを聞くの？　私が知ってるわけないじゃない」って気持ちになるかもしれません。知らないことを聞いてしまって答えられないと、相手だって格好つけられないじゃないですか。

そもそもこのトレーニングは「ありがとう」って言うことが目的。**「ありがとう」という言葉を言うチャンスをあなた自身がつくる**んです。

だから、教えてもらったら「ありがとう」を言う。これを繰り返すんです。

こういう小さな気配りで、ささいなことを尋ねることができるようになってくると、どの女性社員なら頼みやすいか、すぐ気が利いた答えをくれるか、どんな分野が得意か、といったこともだんだん分かってきます。

慣れてきたら、「何それ、知らなかったよ、教えて」ってスタンスで、女性社員の会話の中にも入ってみる。自然に入れるようになったらしめたもの。「へえ、すごいなあ。詳しいんだね」と認めると相手の顔も立ちますよね。

こうして、「あなたを助けてくれる女性社員を増やす」という、女性社員を活かすための基礎固めに入ることができます。一人でもいいんです。今までゼロだったのに、一人でもお願い事がしやすい相手ができたら立派なことです。

「ありがとう」を一人当たり100回は言うべし

コミュニケーションというのは、生理的に嫌われていなければ、質を量で補うことができます。「ザイアンスの法則」という心理学の法則がありますが、これは、回数を重ねるほど相手に好感を持つ可能性が高まるという研究です。たしかに、回数が多ければ、コミュニケーションが上手でなくても情が移るのが人情というものです。

▼相手の考えが分からないときは素直に聞いてみる

女性社員と話ができるようになってくると、ちょっとした壁に突き当たるんです。「相手の考えていることが分からない」って壁に。

そう感じたら素直に聞きましょう。女性心理が分からない男が、あれこれ気を回しても仕方がありません。あなたのキャラクターにもよりますが、妙におどおどして気をつかうのも変だし、威張って聞くのもNG。申し訳ないけど教えてほしいってスタンスで、相手を立ててから聞きます。

タイミングも大切です。分からないと感じたら、その場ですぐに「悪いけど、よく分からないんだ。それってどういう意味か教えてくれないかな?」と即座に聞きます。そのときの状況が許せばですが。

タイミングを外すと後から聞きづらいし、曖昧なままに引きずっていくと、それが積み重なって大いなる勘違いの繰り返しとなってしまいます。あなたが勘違いをした対応を繰り返すと、関係づくりの努力を続けても意味がなくなってしまうのです。

なるべく早い段階で、**分からないことはその場で素直に聞く態度**を身につけましょう。聞いてみると、意外と呆気なく教えてくれます。

それを確認したら、あなたの認識も変わるかもしれません。

分からないことを妄想で憶測しない

▼相手の都合や気持ちを優先してみる

社内で上の立場にいると、自分の都合を優先して、女性社員の都合や気持ちは後回しにすることに慣れてしまいます。経営的に必要なら、確かにそれも仕方ありません。もちろん、経営的に貢献していないのに、自分の気持ちを汲み取ってほしいという部下は男女とも社会人失格ですよね。少なくとも商人《あきんど》としてはやっていけません。そんな馬鹿はクビにした方がよいでしょう。

しかし、もしもあなたが自分の個人的な事情を優先しようとばかりしているのなら、ちょっと考え直してもらいたいのです。

仕事を離れたら一人の人間同士、平等ですよ。ときには相手の気持ちになってみてはどうでしょう。

そのためには、相手にしてもらったら嬉しいことを、自ら率先してやってみましょう。

あなたが忙しくて昼食に出る時間が取れなかったとき、仕事が終わらずに残業で一人残るとき、そんなときに「何か買ってきましょうか?」なんて、女性社員が気をつかってくれたら、めちゃくちゃ嬉しくないですか。

だから、部下や同僚の女性社員が仕事でパニック状態のとき、困っているとき、そんな様子を見かけたら、すぐにあなたから声をかけてはどうでしょうか。

僕は飲み屋の経営もしてるので、いろいろな人の酔っ払った場面を見ますが、店のトイレから出てくるとき、軽く掃除をしてくるお客さんが時々いるんです。これには驚きます。飲み屋のトイレは、すぐ汚れます。酔っぱらって焦点が定まりませんから。

こういう男性は、店の女性スタッフからも好感を持たれています。トイレでの掃除の事実が知られる前からですよ。そこまで小さなことに気を配ってくれる人ですから、立ち居振る舞いや雰囲気に人間性がにじみ出ているのかもしれません。

しかも、そういう人には共通点があります。社会的にすでに高い地位にあるか、近い将来、必ず出世する人なんです。なので、僕も見習うようにしています。自営業の経営者が多いですね。お役人には残念ながら少ない。

トイレのエチケットに限らず、こういった人は、普段から社員が嫌がるようなことでも、率先して行動しているのだと思います。してもらったら嬉しいことを、上の立場の人間が進んでやる。こういう会社では、部下に命令しなくても、自然と周囲は見習ってやるようになりますよね。

自分がされたら嬉しいことを率先してやるべし

▼怪しがられたり気持ち悪がられてしまったら

今まで社内で女性社員にほとんど声をかけなかった人が、急に明るく挨拶したり、話しかけたり、勢いづいてトイレなんかも掃除しはじめたら、周囲に怪しがられるかもしれません。

初めて声をかけた女性社員に、もし、けげんな顔で見られたら、「怪しいと思うだろうけど気にしないで」と、先にこちらから手の内を見せてしまうんです。相手の心の中を代弁したわけですから、気持ちは分かっているという意味で安心してもらえます。

もうひとつは、ひるまずにしゃべり続けてしまうことです。一瞬でも相手が笑ったらしめたもの。空気が和むので、それを皮切りに本題に入ります。これは、女性とのコミュニケーションに慣れていなくて緊張しているときでも、意外と使えます。ただし、最初のうちは失敗する確率が高いと思ってください。

うまくいけば、言葉をたたみかけるなかで、どのキーワードで相手が笑みを見せるかという情報をさぐることができます。初めて話す女性社員相手では、情報なしには突っ込むのは危険すぎますから。

怪しく思われなくなるまでやる。人の噂も75日

▼厳しい意見をくれる女性社員を見つける

コミュニケーションに慣れてくると、女性社員のそれぞれの人柄や個性もある程度わかってきます。話してみると、意外と印象が違っていた子もいるはずです。ここで、社内を見回してみて、あなたに正直なアドバイスや厳しい意見をくれそうな女性をそろそろ見つけましょう。

直属の部下や同僚でなくてもパートのオバサンでもいいんです。気をつかって、お世辞やいいことしか言ってくれない人を選んでも無意味です。

今のあなたのどこが女性社員に受け入れられないのかを、客観的な視点で正直に教えてくれる人がいい。今すぐが難しかったら、このトレーニングがひと通り終わるまでの課題として、一人は見つけてください。できれば、鼻毛が出ていることもちゃんと教えてくれ

る女性がいいですね。

もしも僕がアドバイスするなら、「この点に気がついたんだけど、こうするともっと良くなると思う」といった解決策を提示しながら、ソフトに言いますね。もしそこまで言ってくれる関係を女性社員と築くことができれば大成功です。

こういうアドバイスをもらえると、自分も相手にはどう話せば理解してもらえるのか、また、傷つかないで分かってもらえるか、ということを考えることができます。相手が傷つく話し方をしておきながら、「だって本当のことだろ」と言い放つのは、大人の会話とは思えません。

問題点と解決策の提案をセットでくれるアドバイザーを

▼飲み会に権力を持ち込むのはタブー

経営者や幹部が、社内での権力をそのまま飲み会に持ち込んで、振りかざすようなことをしたら、誰だって嫌われます。「権威」は持ち込んでもいいんですよ。つまり部下が上の人のコップにビールをつぐ。これ自体は、形式美のお芝居として当たり前ですよね。

そして、上の人間は部下のお酌をありがたく受け、喜んで立ててもらう。それを上司も部下に返杯する。飲みの席であっても、部下は上司を立てた方が多くの会社はうまくいきます。形式美、様式美ですから。その方が正しいしつけを感じられて、美しく見えるものです。

たったこれだけの行為で、組織がナメられずにすむこともあります。逆に、ないがしろにしてナメられることもあります。でも、上司は無意味に威張っちゃダメですよ。せっかくの場が楽しくなくなりますからね。それでは親睦的な目的はまったく達成されないですもん。

それから、小さい組織が飲み会だからと無礼講をやってしまうと、後で大変になることがあります。経営者や幹部がしっかりとカリスマ性を確立していない小さな組織だったら、社員からナメられて、へたすると潰れちゃいます。形式美、様式美も理解しないバカが多い組織はまとまりがなく、美しくないからです。翌日から、いきなり部下の態度がデカくなったりして、雰囲気が変わっちゃいますからね。よっぽど自立した優秀な社員ばかりそろってる組織でなければ御法度です。もの分かりのいい経営者や幹部を安易に演じようとしても、準備ができていないと諸刃の剣になります。

僕が社員たちの飲み会に行くとき、経営者として気をつけてることがあります。

まず、いちばん最初に飲み会の席へ顔を出す。これは、日頃あまり接点がなくて、僕と話すのを楽しみにしてる社員もいるからです。「最近どう？」なんて、話しかけます。だけど、長居はしません。自分がいる場では、若い連中たちが話せないことだってたくさんあるからです。だから、お金を置いてさっさと切り揚げます。

僕は酒を飲まないからですが、酒を飲む経営者のなかにはトコトンつき合って社員と交流を深める人もいます。これもひとつの様式美のスタイルなんです。どちらが良い、悪いではありません。流派、宗派の違いのようなものです。でも、飲まない経営者は僕のようなスタイルを取る人が多いようです。皆が飲みたがっているのに、一緒に酒を飲まないでいると、監視してるようになってしまいますから。

飲まずに一緒にいたいのなら、カラオケをたくさん歌うとか、自分も参加して親睦を深めることができる工夫や準備をした方が良いですね。親睦会の本質は社内接待です。接待には社外接待と、このように社内向けの親睦会のような社内接待があるわけです。

社内接待で威張っては、目的を達せられないのは言うまでもありません。

親睦会は社内接待。飲ませ、楽しませるのが仕事

▼見えすいたお世辞はかえって逆効果

　女性社員になんとか好かれたい、気を引きたい、そんな焦りから、必死でほめ言葉を言おうとしてませんか。だったら、ちょっと考えてみましょう。

　ほめないよりはほめた方が良いことは間違いありません。でも聞いてみると、「見えすいたお世辞で媚びてる上司は最低」と言っている女性社員が少なからずいることも無視できません。普段から人をほめることに慣れていない人が、いきなり、「今日はなんだかキレイだね」「おや、いいことでもあったのかな」なんて言っても、「セクハラおやじ」と思われるのが関の山です。

　そう、遠からず、その手のセリフが原因で裁判になって、セクハラとして賠償金を支払う時代が来るかもしれません。ほめるのにも慣れが必要です。

　実は、ほめるのがうまい人というのは、自分がそのほめ言葉の結果として好かれるかどうかなど考えていません。いちばん重要なのは「**気に入ってもらいたいという気持ちを手放すこと**」が、初心者のスタートラインだということです。まずはここに立たなければ、人をほめるという行為はかなり難しくなります。

　あなたにとって「ほめる」とは、そして「叱る」とはどんな意味を持つのでしょう？

それが決まっていないと、ほめたり叱ったりすることの成果を評価できません。評価基準がない努力をしても、うまくいったのかどうかはわかりませんよね。

後藤芳徳にとって「ホメる」とは、「何度も繰り返し起きてほしい行動、意識の持ち方を、繰り返してほしいという思いを伝えること」です。成功したかどうかは「その行動が増えたかどうか。繰り返されるようになったか」という基準で計ることができます。計測可能な状態になったということです。

一方、「叱る」とは「二度と起きてほしくないことを、二度とやらないでほしい。再び起きることを、どんな手段をもってしても防いでほしいと伝えること」です。測定基準は、それがなくなったかどうかだけです。

ホメることに成功すれば同じことが何度でも起きる

▼知ったかぶりはもうやめよう

若い世代の部下や女性社員と一緒にいると、その話題の中に入ろうとして、犯してしまう中年オヤジの過ちが「知ったかぶり」です（僕も36ですから中年の仲間入りだし、知ったかぶりもしますが)。

調査をすると、知らないことを知ったかぶりをして嫌がられている上司もいるようです。仕事がガッチリできれば、部下と趣味が一致する必要なんてないんです。それなのにムリして若い世代の話に入ろうとして批判的に思われている人が多いです。テレビドラマの新番組の話、来日しているミュージシャンの話、流行のスポットやグッズ、ファッションの話、どれもよく分からないんだったら、素直に「知らない」と言えばいいんです。**知らないことは潔くあきらめましょう。**

全然恥ずかしくないし、それで軽蔑もされません。素直に知らないことは知らないと言えれば、「可愛い」という見解を引き出せる可能性が高いのです。知らないことを知ったかぶりをして話に割って入り、話がズレると疎ましく思われるようです。「フ〜ン、そういうのが流行《はや》ってるんだ」と素直に聞いていれば、可愛げがあります。そうやって若者の最新情報データとして、小耳にはさんおけばいいんです。

最先端の流行など知る必要はありません。そんなものは知らなくても、むしろ、若い世代があなたにお願いしても聞きたくなるような、**あなたならではの得意技を持った方が魅力的**です。それが仕事のことであれば、社員は皆、仕事が好きになるでしょう。

たとえ今の音楽は分からなくても、ビートルズならめちゃくちゃ詳しいとか、格闘技の情報ならまかせとけ、とか。独自性があれば皆が話を面白がりますよね。

部下との交流を深めようとして流行を追いかけても、若い世代の情報は目まぐるしく変わります。仕事と並行して無理にその情報を蓄積するのは意味がありません。そもそも好きでもない情報を必死で集めても、たいしたクオリティにはならないでしょう。それでは恥の上塗りです。

コミュニケーションの鉄則は、**追いかける速度を速めようと焦らないこと**です。こちらが追いかけられる側になるんです。そうすれば追いかけてくる人間を、あとは交通整理するだけです。

追う立場は常に大変。追われる立場になれ

▼自分を主張するより、相手の「片目」を見る

せっかく女性社員と向かい合って話せる機会があっても、好かれようとか、自分の努力を分かってもらおうとリキんでしまって、余計に嫌われる男性がいます。

相手が何か話そうとしてるのに、自分のことばかり主張しはじめたらうまくいきませんよね。それだって、相手を魅了するほどのコミュニケーション能力があれば別ですが。

男性側の身勝手な会話は、話せば話すほど女性社員に嫌われるリスクが高まります。相手が男ならばたたみかけるように話して、それで巻き込むことはできますが。それならよっぽど、黙って相手の話を聞いた方がいい。

そのときのコツは相手の片目を見ることです。よく、「目を見て話せ」なんて言いますよね。実は、女性に慣れていない男って、相手の目をじっと見ながら話すなんて技はなかなかできない。恥ずかしくて、すぐに目が泳いじゃったり、関係ないところをきょろきょろと見ちゃったりするもんです。

人間の目は、二つの眼球で一つのターゲットを見るようにできてます。だから、両目で両目を見ようとすると、照れくさいだけじゃなくて、眼球が微妙にブレるんです。このブレがある人間とブレのない人間が会話をしたら、ほとんどの場合にはブレがない方が勝ちます。その方がコミュニケーションのインパクトが強いからです。

ドキドキ感をなくして、なおかつ相手にインパクトを与えるためには、片方の目を見つめるのが効果的です。

催眠術とか、洗脳させるようなコミュニケーション術を知ってる人は、これに近い技を使っています。眉の間とか鼻の頭など微妙な差はありますが、共通点は二つの眼球で二点を見ない、一点を見るということです。

一点を凝視すると、自分自身も集中力が増してトランス状態になりますが、そもそも催眠は自分がトランス状態に入っていなければ相手を深くまで引き込めません。

これは、気の強い女性社員の意見に負けないで、気の弱い男性が立ち向かっていくときに効果的です。ただし、まだ女性とのコミュニケーションに慣れていないうちは、度を超さないように。相手が避けてるのに、顔をのぞき込んでまで片目を追っかけるのはやり過ぎです。いや実際に、そうした人がいるので。あなたはやらないでくださいね。

片目をジッと見る。眼球を揺らさないため

▼頭の中でシミュレーションをする癖をつける

さて、ここまで順に行動して、女性社員と会話を交わす数はだいぶ増えてきたでしょうか。コミュニケーションそのものに慣れることが「3〜4週目」の目的ですが、慣れてくると「もっと話の中身を面白くしたい」といった欲も出てくるものです。

でも、トップレベルの芸人や相当に腕の良いナンパ師でもなければ、いきなり面白いセリフや、相手の心をわしづかみするようなトークはできないと諦めてくださいね。でも、それでいいんです。

それを補うには囲碁や将棋と同じで、トレーニングを習慣化すればいいんです。

①過去の棋譜を覚えるように、小説などに出てきたシーンに自分を当てはめてやってみる。言葉に出して演じてみる。

②事前にシュミレーションを膨大にやっておく。

営業トークの研修でも、ロールプレイングやシュミレーショントレーニングをしますよね。同様に、慣れるまでは頭の中でシュミレーションをしましょう。あらかじめ、相手から言われそうなことを何パターンか想定しておけば、焦ることも少なくなります。

ただし、いつも思い通りにはいきませんからね。

失敗も経験のうち。失敗を重ねなければわからないこと、うまくならないこともたくさんあるのだということを忘れずに。

しかし、基本の型を徹底的に自分の中に刷り込めば、そこから応用も生まれてきます。基本をおろそかにすると、絶対に高いレベルまでは達しません。基本パターンをできるだけ数多く自分に取り込みましょう。

型があるから型破り、型が無いのは形無しよ（by猿之助）

3~4週目のポイント

CHECK ► なるべく多くの女性社員に声をかけよ。まずは挨拶から。

CHECK ► コンビニに行くときも声をかけよ。ちょっとしたことも尋ねてみる。

CHECK ► 相手の気持ちになって、してもらったら嬉しいことをせよ。

CHECK ► 正直にアドバイスをしてくれる女性社員を是が非でも見つけよ。

CHECK ► 飲み会で威張る、見えすいたお世辞、知ったかぶりはタブー。

CHECK ► 自分のことばかり話さない。緊張したら相手の片目を見よ。

CHECK ► 前もって様々な会話のシュミレーションをせよ。

5~6週目
女性の心理特性をひとつずつ把握せよ！

コミュニケーションに慣れた次の段階として、
意思の疎通を目的とした「相手を理解する」ためのトレーニングをします。
女性社員は会話に何を求めているのか、何に気をつけ、
何を意識して話せばよいのかを知り、
少しずつ相手の心がつかめるようになりましょう。

▼女性の気持ちがわかる上司は聞き出し上手、引き出し上手

コミュニケーションに慣れてきたら、いよいよ女性社員の心をつかむためのトレーニングに入ります。

感情を優先する女性の心をつかむには、端的に言うと、**相手の感情を吐き出させてあげる**ことと、**相手の感情に乗っかる**ことがポイントになります。

だから、何よりもまずは「聞き出し上手」になって話を聞き出しましょう。女性に好かれる上司や経営者はカリスマ性やリーダーシップも必要ですが、最も重要な資質は「話を聞いてくれること」でしょう。説得も正論も大切です。それを受け入れない女性社員が悪いと言われれば、その主張もその通りです。しかし、それではうまくいかないのです。

僕はプロなので結果だけを重視します。聞き上手が良いと世間一般では言われてますが、それについては良い場合とそうでない場合があると思っています。

まず内容がどうであれ、女性社員の話はできるだけ聞きます。特に最初は。たとえ理解できないことでも、「ふーん、そういう考え方もあるんだ」と、認める方向で受け止める。そして、話を引き出しながら、同時に相手の様々な情報もこちらでストックしましょう。

相手のデータを多く持っていることが、後々役に立ちます。何よりも、話を聞く量が増

え、質が高まれば、それに比例してこちらの話も聞いてくれるようになるんです。

ただし感情的にネガティブになっているのを「そうだね」などと同調して、煽るのは絶対にしてはいけません。なぜなら、相手は少し気に入らない程度の愚痴を話し始めたのに、あなたに同調されながら話しているうち、大嫌いなことにまで発展させてしまうからです。単なる愚痴から始まったことが、本気で会社や上司、同僚への不満を言うことになってしまいます。

女性社員と会話をする場合、男社会のビジネス上で良しとされる話し方とは、パターンが違うのです。ですから頭のスイッチを切り替えてください。

モラルの話ではありません。その方が結果的に大きい効果を得られるからです。

女性の話を聞くことは、あなたの話を聞いてもらう準備になる

▼女性の相談事は解決策を求めてはいない

「A社のBさんったら、ひどいんですよ」といった話を聞いたら、まずは「へえ、そうだったのか」と、同意してあげる。あるいは「そりゃつらかったなあ」といたわる。

彼女を認めて感情に乗っかるのです。

間違っても、頭ごなしに「そんなことはない」とか「取引先の悪口言うもんじゃない」なんて**否定してはいけません**。道が閉ざされてしまいます。

それから、「そいつ頭にくるなあ」という**誰かへの攻撃の同調もいけません**。怒りをさらに助長させるだけなので、生産的ではありません。彼女も誰かを本気で恨みたいわけではないのです。

感情に乗っかって同調した後であれば、「取引先の悪口よりも、こんなふうにしてみたら次回からもう少し楽しくできるかもしれないと思うんだけど、どうかなあ」などと、あなたが望む方向に誘導できます。つまり、**最初に同調することが、欠かすことのできない必要なプロセス**なのです。

こういうときに男が陥りやすいのが、すぐに結論を出そうとすることです。「じゃあ、こうすればいいじゃないか」「今度から先に手を打てば済むことだろ」なんて、話に終止符を打たれると、まったくもってその通りであったとしても、相手には釈然としない気持ちが残ります。

なぜなら、女性が愚痴や相談事を持ちかけてきた場合の多くは、本人が自覚していなくても「話を聞いてもらう」のが一番の目的だからです。**結論や解決策を求めているわけではありません**。試しに、ひと通り話を聞いた後で、「そうか、そりゃ悔しかったなあ」と認めてから、「それで、その解決に向けて、僕がしてあげられることは何かあるかなあ?」と尋ねてみてください。ほとんどの場合は「いえ、何もありません。大丈夫です」ということになります。彼女の目的は、気持ちを聞いてほしかったというケースが多いからです。

もちろん、問題解決に向けて、次のステップを相手から示して「こうしてください」と教えてくれたら、それに対して具体的に考えていけばいいわけです。

この対応の仕方は、非常に汎用性が高く、僕もあらゆる場面で使っています。

相談でなくても、「これでよろしいですか」と、頼んだ仕事の経過を見せに来るとか、結果の報告に部下が来ますよね。その場合でも、あなたのもとへ話しに来るという行為は、仕事への評価でなく、コミュニケーションを求めている場合があります。そのとき、事務的に「フン」とか「もう少し具体的に」なんて事務的に終わらせて差し戻したりしてしまったら、先の会話って続かないですよね。もったいないことです。

「どこが解決ポイントだっけ?」「何か助けになることがあるかな?」といった、**次に相手が答えられる投げかけを考えてみる**ことです。

一方、注意点もあります。「せっかく相談してきたのだから、すべて聞いてあげよう」という姿勢で相手の愚痴を聞き出すと、1時間も2時間も止まらない女性がいるわけです。長時間聞いてあげることで解決に向かうならいいんですけど、ほとんどの場合、単なる不毛な時間で終わります。

しかも、一度あなたが聞いてくれるとわかると、その女性はささいなことでもエスカレートして、止めどなく愚痴を言いに来るようになる。こっちは業務の時間を割いてる上に疲れる。ものすごく非生産的な悪循環を繰り返すことになるんです。

ネガティブな感情となる言葉を発するときは、「それがどれほど解決を必要としていることなのか」を伝える目的がなければいけません。愚痴は解決の具体的手段を含んでいないし、解決しようとする意図すらない。だから**愚痴を延々と聞いてはいけない**のです。言わせることもいけません。相手の中に悪感情が広がるので、その人のためにもならないのです。

解決に向かうための問題点を絞り込み、明確化することと愚痴を混同してはいけません。問題点を明確化することと、それがどれほど解決を要する問題かの説明であれば、それは愚痴ではありません。だったら上司として聞く必要があるし、具体的に解決を手助けすべきです。

でも、肝心なのは、コミュニケーションとか教育というのが、あくまでも経営やビジネスにおいては手段であって、目的や本筋というのは組織の利益の追求だということです。どこに時間を割くべきかは、その都度判断が必要で、不毛な時間は切っていかなくてはなりません。

なので、そういったパターンに陥らないためにも、「こういう時間が長くなると、お互いつらいよね。次に打つ手として、僕ができることは何だろう」と、**具体的に先に進む段階を見せればいい**んです。

愚痴は言うな、聞くな。解決策に向かえ！

▼普段の倍の時間をかけて話をする

コミュニケーションをする上では、二人の人間がいたらパワーが強い方に引っ張られますよね。

もしもあなたが職場の女性社員に指示、命令、伝達が届いていないと感じているならば、あなたのパワーが弱いか、歯車が噛み合っていないのです。歯車が噛み合っていないのに「もっと早く歯車を回そう！」と頑張っている人が多いんですが、そのときにやらなければいけないのは、まず「歯車を噛み合わせること」であって、「歯車を早く回すこと」ではないのです。

歯車を噛み合わせるには、**話すテンポに気をつけるのが効果的**です。コミュニケーションが苦手な人は、だいたいが焦って早く話そうとする傾向があるからです。それは相手の目には余裕も自信もなさそうに映ります。だから今までよりも倍の時間をかけてゆっくり話してみる。

それだけで少し思慮深く見えたり、丁寧にコミュニケーションをしているように見える。あっ、眠そうに見えたらダメなんですよ。

お母さんが小さい子供を寝かせつけようとするときに、最初は子供の話に速度を合わせて、それから徐々にゆっくりと速度を落として話します。「いい子ねえ」って声をかけながら、それに合わせてゆっくりポンポンと背中をたたいて眠らせていきますよね。自分のペースに誘導するには、確認しながらゆっくりと相手がついてくるようにします。

早口で話すより、ゆっくり話すと、大人っぽくて頼りがいがあるように見えますよね。せっかちで落ち着きがないと、信頼に足る人なのか相手に不安を与えてしまうのです。

堂々としている人はスピードコントロールが上手

▼女性は話の中身よりアクションを見ている

「メラビアンの法則」ってご存じですか。人がコミュニケーションをする際、何に影響されるのかという実験から導き出された法則です。それによると、ボディランゲージが55％、話し方や声のイントネーションが38％、肝心の話の内容はたった7％なんだそうです。

正確にその通りとは言わないまでも、当たらずとも遠からずと思いませんか。

コミュニケーションのセリフの中に真実はない。つまり、**言葉よりも雰囲気が大事**ってことです。特に女性は感情に訴えてくることを重視しますから、男性よりもこのデータに近い反応となることが容易に予測されます。

だから話の中身より、会話をするあなた自身の雰囲気づくりに注力するべきなのです。優しい気持ちを伝えようとしても、恐そうな表情で貧乏ゆすりしながら相手を指さして言ったって、受け入れてもらえないということです。話しているときには、その態度を相手の女性に見られていることを意識してください。

これは、相手からのコミュニケーションに対しても同じことが言えます。誰だって、謝っている人の言葉そのものより、その人が本当に悪いと思っているどうかを、謝っているときの態度や表情で判断しますよね。話をするときの態度は、人の振りを見て、我が振りも直してください。

ここまでは、様々な本にも書いてありますよね。でも、さんざんそんな本を読んでみても、セリフの言い回しなどに工夫させるものばかりなんです。

もしも本当に効果的なコミュニケーション方法を体得したいのなら、ボディランゲージや声の感じを変化させることで、あなたの雰囲気を大幅に修正できるということを分かっていただきたい。

さて、ここであなたが信頼する人は誰か？　ということをちょっと考えてみてください。今までの人生の中で最も信頼できた人、好きだった人、心を許した人は誰でしょうか。

僕の場合には祖父です。おじいちゃん子だったもんですから。

そのように、あなたが今までで最も心を開いた相手の立ち居振る舞いや、話しかけてきたときの声の感じを思い出して真似てみるのです。

すぐには上手にできないかもしれません。それに、それはあなたを魅了した人の真似であって、職場の他の人たちを魅了した人は別に存在するわけです。でも、あなたを魅了したことは事実ですから、その雰囲気の中には人が心を許すエッセンスが必ずあるはずです。

多くの人の心をつかんでいる人の雰囲気を真似る方法もありますが、なかなか簡単にはいかないものです。何からどう真似ればいいのかわかりませんよね。

なので、とっかかりとしては身振り手振りから真似してみるんです。そして、次に声のスピード、高さ、イントネーションを真似します。セリフは真似してもいいですが、真似したことがすぐにバレますからね。しかもセリフは雰囲気には絶対に勝てません。

信頼されている人の雰囲気を真似るのも効果的

▼話を途中でさえぎって相手の存在を否定しない

会話中に最もやってはいけないことは何だと思いますか？　それは、女性が話している のを聞きながら、途中で「君はなんにも分かってないな」と、むげに会話をさえぎってし まうことです。

会話を途中で切るのがいけないのではありません。そう書いてある本もよく見かけるの ですが、僕は間違っていると思います。経営の目的はあくまで経営であって、会社はカウ ンセリングルームではありません。

会話を中断するにはやり方があります。

それは、**具体策に向かうように方向付けをする**のです。

「ごめんね。ちょっと待ってくれるかな。キミの話し方から大事な問題だってことはよく分 かるし、ぜひ解決したい。でも僕の聞き方がまずかったのか、話の趣旨が分からなくなっ ちゃったんだ。この話の目的は何だっけ？」といった具合に中断した方がいいですよね。

お互いの信頼関係を築く段階の会話であれば、関係性を最も重視するべきですから。

「分かってないなあ、まったく」と会話を切られると、相手は人間的に軽んじられている と感じてしまいます。

確かに、現時点の彼女は分かっていないのです。経営的に考えれば、落ちこぼれ社員かもしれません。でも、それを彼女なりに考えて分かっていないのなら、それを理解させるのは仕事を任せた上司の責任になりますよね。経営的に考えても指導能力の問題になるはずです。「落ちこぼれ」の彼女にしっかり対応しないと、次には「引きこもり」になってしまいます。「引きこもり」は「落ちこぼれ」より、何倍も改善が困難です。だから、「落ちこぼれ」のあいだに手を差しのべましょう。

もちろん上司と部下の関係であったら、良識ある判断としては、部下が上司に合わせるべきだし、何でも指示は聞くべきです。しかし問題は、それではうまくいかない人も多いのだということです。

ちょっと考えてみてください。もしも、相手が自分より上の立場の人間だったら、たとえ間違った話をしていても、どんなにつまらない話でも、途中でさえぎることはしませんよね。自分の中で価値を置いている人の話はさえぎらないものなのです。

つまり、**話をさえぎらずに聞いてもらうと、特に女性は「自分は認められている。大切にされている」と感じる**ことができます。そうなると、そこから先のあなたの話にも耳を傾けてくれる可能性が高くなるのです。

ただし、時間が限られているときに、くだらない馬鹿話や世間話は時間の無駄。それは仕事の時間以外に回してください。

世間話には頃合いを見ながら、早めにピリオドを打って本題に入りましょう。

相手の存在を肯定する。それができれば個々の行動の修正は簡単

▼反発を受けるのは押し売りをしているから

もし女性から思わぬ反発を受けたら、それはあなたの都合を押し付けていると思われているからかもしれません。いや、その反発も言いがかりであることが多いのですが、問題はそこでどううまく切り抜けるかですよね。

たとえ相手にある能力が認められなくても、それを持っている人間だと仮定して接していると、いつしかその能力を発揮することができるようになるという説があります。

これを「ピグマリオン効果」といいます。

僕は女性への対応は得意なんですが、これを男に実践してみても、なぜかあまりうまくいかないんです。僕自身にそれを引き出す力がないのかもしれません。たしかに男は苦手です。

世の中には男性の指導教育が上手な人がいますから、それは得意な人にぜひ教えていただきたいと思います。

しかし、「ピグマリオン効果」による教育は、女性社員には確実に効果的な方法だと断言できます。

女性にはあえて「期待」をしましょう。そして、その期待を相手に伝えましょう。

女性を使う職場で、うまく彼女たちを活用できないという相談への指導では、いつも同じ問題にぶつかるものです。先方の言い分はこうです。

「女性の比率が高いから、彼女たちに結果を出してもらわなければ困る」

「別に期待はしていないし、どうせダメだと思っているけど、もう少しマシにしてほしい」

そして決まって、「だから後藤さん、あんたを呼んだんだ！」というわけです。医療法人などが多いのです。看護師や介護士を蔑んでいるお医者さんの病院の立て直しでいちばん厄介なのは、そのお医者さんの意識改革です。それ以外の指導はチョロいですけどね。

そういう依頼先のときは、まず明確にしておくことがあるんです。

「結果を出してほしいとは、具体的にはどんなことを期待しているんですか？」という問いに対して答えてもらう。

紹介客を増やしたいのかもしれません。顧客アンケートでサービスへの評価が欲しいのかもしれません。その他、様々な要望があるわけです。そのどれを最も期待しているのか優先順位をつけてもらうのです。

「そのことを期待されていると彼女たちは具体的に知っていますか？」と質問します。するど、なかには「たぶん知っていると思う」と言う社長さんやお医者さんもいます。でも、調べてみると女性社員たちは「知らない」「聞いたこともない」と言うんです。つまり、彼女たちを伸ばすには、まず**何を期待しているのかをきちんと伝え、モチベーションを上げる必要がある**のです。

こういう事実もあります。男より女性の方がマニュアルを使うと効果的なんですよ。男のＩＱの分布は、上か下かに二極化することはお伝えしました。上のレベルに合わせたマニュアルは下のレベルの男には使えないし、下に合わせたら上には使えないんです。つまり、どちらにも適したマニュアルをつくるというのは無理なんです。だから統一しにくい。

それに対して、女性の能力はほぼ中央に分布して、極端に低いことは少ない。だから、女性向けのマニュアルを導入することによって、女性全体の仕事の質が向上したり、チームがまとまったり、思わぬ能力まで発揮される効果が期待できるのです。

リーダーの立場から「女性は扱いにくい」と言う男性が多いんですけど、本当のところは**女性相手の方が結果を出しやすい**んです。

女性に期待しよう。そして期待していることを伝えよう

▼女性は上司の自慢話に器量の小ささを感じている

狩猟本能がある男性は、ついつい「仕留めた獲物」を自慢します。獲得した獲物の大きさで男同士は力量を測ろうとするんですね。

だけど、過去の仕事の栄光だとか、プロジェクトの大きさだとか、そんな獲物のことをいくら自慢しても、女性社員の気持ちを集めることはできません。むしろ、「また昔のこと自慢してる」と、自慢するあなたの「器の小ささ」をバカにしています。

女性の特性として述べたとおり、男性は獲物の大きさという「結果」を見るのに対し、女性は「関係づくり」で判断します。

あなたの器量は人との関係づくりで測られているんですよ。だから過去の自慢話は極力やめた方があなたのためです。人の気持ちを集めることができる方が、よっぽど魅力的に見られます。

尊敬を受けるようになってからであれば、あなたに興味を持って過去の話も教えてほしいと、向こうから言ってくるようになります。

女は男の器量を関係づくりで測定する

▼女性は叱られる上司を選んでいる

あなたは女性社員をきちんと叱ることができますか？　これはなかなか難しいですよね。しかし、必要以上に叱ることを恐れないでください。

実は、ちゃんと叱ってくれる男性を、男らしいと感じる女性はけっこう多いものです。ただし、きちんと叱ってくれる人を尊敬するものの、相手が自分を叱るに足る存在でないと判断すれば、話を聞こうとはしません。

一般的に女性は、自分自身で方向性を決定するということに男よりもストレスを感じています。だから、きちんとした判断基準を持った上司に叱られるのは、「自分で決める」というストレスから解放されてラクになる選択肢なんです。

つまり、自信を持って決定する経営者や上司にならら、叱られてもいいと思っているわけです。逆に、上っ面の自信だけで裏づけがない上司は見捨てられるということもあります。納得できない叱り方をされると、受け入れられずに反感を持ちます。

たとえば、クレームの電話を受けた女性社員が、マニュアル通りの返答をして電話の相手である顧客の気分を害したとします。そのことを上司が「お客様第一なのにダメじゃないか」と頭ごなしに叱っても、「マニュアル通りにちゃんと答えたんだから、私は悪くない」と思っている彼女にしてみれば、「お客にさんざんイヤミを言われたのに、人の気持ちがわかってない上司だ」としか映らないわけです。

こんなことは、柔軟性を持っていない女性社員が悪いと思うかもしれません。しかし、マニュアルから外れても、顧客も会社も良くなる対応というのは経験を重ねなければできません。もし失敗したらもっと大きく責められると思うと、マニュアルを正確に再現しようとするのが人情です。

これまでのトレーニングを理解してきた方なら、ここでどうすればいいか見当はつきますよね。

まずは彼女に同調してから、対応策を示せば失敗確率は減らせるのです。

「マニュアル通りに対応したのに、相手が怒ったという事情はよく分かる。でもお客様を大切にすることを第一にしたいんだ。たとえば今度から理不尽なクレームが入ったら○○のように対応するか、それで無理そうだと思ったら、すぐ僕に電話を回してくれないかな」と伝えてみてはどうでしょうか。

一人当たりのクレーム対応に時間制限を設けるのもいいですね。それ以上は話さない。長引いたらさらに対応できる人間に話を持っていくなど。

こうして共同作業として同じ方向にベクトルを向けると、コミュニケーションが深まり、彼女も納得して次回からは指示通りの対応をするでしょう。そしてあなたのことを「頼りがいのある上司」と思うわけです。

叱るときにこそ納得感を大切に

▼一生懸命な姿が母性本能をくすぐる

よく、誰も知らないところで問題解決をすることをよしとする人もいます。でも、あなたが経営者やリーダー的立場にいるなら、陰で一生懸命にあなたが頑張って解決したって、まったく気づかない部下もいます。

それを察する能力がない部下たちには、社員教育上、見えるところで解決行動をとる必要があります。特に女性社員には、視界の範囲内でその姿を大いに見せましょう。ただし、わざとらしくしないように。

察する能力のない人間に、気づいてもらおうと期待しても無理なことです。背後にあるものを洞察する能力が備わっていない人に黙って期待してあなたが我慢を続けても、社内教育的な意味はありません。それはセンスのある人間が、体得の決意をもって何度も察する練習をしなければ身につかないものです。

だから、**みんなの前で見せること**です。分かりやすくしましょう。

ビジネス上の選択肢は、シンプルな答えの方が正解の確率は常に高いと思ってください。往々にして複雑な方が間違いです。再現性がありませんからね。

自分ではコピーを取らないだろうと思われる上司が、残業して翌日の会議のコピーを黙々と取っている。それを偶然、見つけてしまう。不思議なことに、女性ってこういう姿に弱いんです。そんな行為をしないように見えるというアドバンテージを持っている男性はトクですよ。嫌われてる人は別ですけどね。

どんなことでも、女性の視界の中で黙々と一生懸命やっている姿さえ見せれば、母性本能をくすぐることはできます。それくらい、ひたむきな一生懸命さはアピール度が高いんです。アピールがうまい人はその場だけの芝居で頑張ってるように見せ、裏ではサボっていても心をつかめるんですよね。口惜しいですけど。

ただ、真面目で一生懸命仕事をやってるんだけど、数字に出せないヤツっていますよね。そいつを辞めさせようとすると、「一生懸命やってるのに可哀想です」なんて、反発されることがあります。一生懸命な姿に女性が肩入れをしているわけです。

一生懸命なのに結果を出せないなら、そのジャンルでの才能がないことの証《あかし》なので、本当は早く辞めさせてあげた方がお互いのためなんですけどね。次の人生のスタートが早く切れますから。

女性は一生懸命さに敏感ですから、上司のいないところでサボるようなヤツのことをちゃんとチェックしてます。「あの人、課長の前だけで一生懸命に見せてるんですよ」なんて報告してきます。それさえかいくぐるほどゴマカシ上手でないなら、普通は真面目な方がチェックされません。

女性の前だけで熱心に働いているヤツは見抜けなくても、上役の前だけのアピール上手な人間は許せないようです。小学校の頃から女の子はそうだったんじゃないですか。先生がいなくなると掃除をサボる男の子のことを言いつけるとかね。

一生懸命さは裏でやってるだけでは分からない

▼年齢や在職年数に触れずキャリアをほめる

「女性に年齢を聞くな」とよく言われますよね。

ところが、単に年齢だけじゃなくて、在職年数が長いだとか、結婚適齢期を過ぎてるとか、出産リミットまであと何年といったことまで、男が意識している以上に、女性はとても敏感なようです。冗談として許されるほど親しくなるまでは、それらの話題に触れない方が無難です。

専門職やキャリアを持つ女性、もしくはパートなど、30歳以降で年齢が比較的高い女性が多い職場ならまだいいんですけど、20代の女性ばかり、しかも寿退社や妊娠したら退社が当たり前と言った社風の職場だったら、言葉にも気をつける必要がありますね。

想像以上に、こういうことでカリカリしている女性のいる会社は多いようです。あなたの会社もあなたが気がつかないだけで、そうかもしれません。

でも、僕に言わせれば、仕事ができるようになった女性を結婚や妊娠で辞めさせるような会社って、もったいないことをしています。ちゃんと女性社員を育てたのであれば、育児休暇の後に復帰してくれることは喜ばしいはずですから。

結婚や出産のたびに辞められることを前提として採用しているのなら、確かに女性社員を教育する気持ちにならないのも納得できます。でも、ちゃんと育てたのであれば、落ち着いてから復帰してほしいと思うし、そのための制度や道筋を組織内に作っておくべきですよね。

女性の多い企業での心がけとしては、日頃から相手の女性の自己重要感を高める会話をしていることが大切です。**できるだけ「その人ならでは」という部分をほめて引き出します**。ごく普通の一般事務職であっても、過去の帳簿については、その人だけがすべて把握しているとか、整理整頓の仕方が上手だとか、その人が持つ得意な部分を見つける努力をしましょう。

そういう部分を「いやあ、さすがだね、助かるよ」といって認める。「あなたがいてくれて助かる」という気持ちが伝わればいいのです。「○○さんだからこそ、この仕事を頼みたいんだ」と言って相手に認められると、その仕事のクオリティは高くなりますよね。ほめ言葉として受け入れてもらうには、相手の自己重要感を高める工夫が必要なのです。

ところが、自己重要感を損なうコミュニケーションが積み重なっていると「キャリアが長いからね」なんて、たとえあなたがほめたつもりで言っても、イヤミに受け取られてしまうことになりかねません。喧嘩の仲裁をすると、このような気持ちの行き違いはよくあることですよね。

僕が知っているテレアポ（テレフォンアポインター）の仕事をしている女性で、クレーム対応だろうと何だろうと、見事に物怖じしないで、素晴らしい処理をするベテランがいます。彼女に「素晴らしいですね、やっぱりベテランは違うなあ」と言うと、彼女はものすごく喜ぶんですね。僕も本当に心からそう思って言いますから。

だけど自己重要感が奪われていると、「ベテランってオバサンだって言いたいの？」という受け取られ方をするケースがあるということです。

相手の自己重要感を日々コツコツと高めておく

▼義理チョコこそ最大限注意してありがたく扱う

これは、ある女性から指摘されたことです。「渡した義理チョコの扱い方で、その人の人間性が分かるんですよ」って。つくづく女性って、男が油断している以上にしっかり見てると感心します。

たしかに、義理チョコというのは女性社員にとって、ちょっとしたお中元やお歳暮の代わりのようなものかもしれません。義理とはいうものの、一応、感謝の気持ちを込めてるつもりらしいんですね。押し付けがましいと思うかもしれませんが、そのようなモノと思って対応方法を覚えてください。

常識から考えれば、「どうもありがとう」と言って、嬉しそうに受け取りますよね。そこまではいいんですが、その後がポイントらしい。

「みんなに配ってるのを知ってるくせに、わざと大げさに喜んで見せたり、最低なのは、デスクに置きっぱなしで、翌日床に落ちてても気づかない人」

喜び方にまで文句をつける可能性があるんですから、注意が必要です。まあ、一人300円やそこらのチョコの反応に、期待をするのもどうかと思うんですが、「義理チョコ」をクライアントからもらった「名刺」に置き換えて考えてみてはどうでしょうか。

みんなに渡している名刺を、大げさに「もらっちゃったよ！」とは騒がないでしょうし、その場で折りたたんでポケットには突っ込まないでしょうし、デスクに置きっぱなしで落としちゃうなんて、ビジネスマンとしては問題がありますよね。

そう考えると、人間性が分かるというのもうなずける気がしませんか？

受け取り時には扱いに気をつけましょう。あなどるなかれ、義理チョコマナー。

対応方法、その細部にこそ神が宿るのだ

▼微妙なサインでも絶対に見逃すな

トラブルというのは、起きてから対処するのではなくて、未然に防ぐようにするのがビジネスをする上での基本です。これは、対女性においても同じ。もし、女性部下の態度がいつもと少しでも違うと感じたら、すでにそれは赤信号を意味しているんです。

話すときに目を伏せる、腰が引けてる、声のトーンが下がってる、仕事も上の空。

そういった危険信号は、単発ではなく同時に現れてきます。それを隠そうとしてぎこちなくなっている様子も、よく見ていれば必ず分かります。

さあ、これに気づいたら、あなたはどう対応しますか？

これらの危険信号を少しでも感じたら、すぐに「どうしたの？」と声をかけましょう。

「べつに何でもありません」といった反応だとしても、「何でもないようにはとても見えないよ。今は無理に言わなくてもいいけど、言えるようになったら教えて」といったリアクションをしておく。

本当に仕事に支障がなければそれでいいのですが、支障が出ているのに理由も言わない、仕事のクオリティが落ちても放っておくというのでは、かなりの問題社員ですが。

でも、そのひと言をかけておくことが問題解決には一番の近道です。彼女の問題が解決するかどうかは分かりません。それでもそのひと言があればかなりの確率で、仕事のクオリティが一定以上に落ちるのを防ぐことはできます。

もし、相手から「ちょっと聞いていただけますか」といった投げかけがあった場合、かなりせっぱつまってるケースも考えられますから、その女性のためにすぐに3分でいいから時間を取ります。忙しくても、そのときの3分を作らなかったことであとあと後悔するかもしれません。できるだけその場で時間を割きましょう。

話をすべて聞くことができなくても、次に何を聞けばいいか、何をすればいいかのきっかけは、その3分で概ね見えるはずです。

「今、忙しいから後で」なんて自己重要感を低める言葉を言ってしまったら、もう次はないかもしれません。

「申し訳ないけど、長い時間は割けないんだ。でもどうしても気になるから、少しだけでも話を聞かせてくれないかな？」と言えば、状況改善できる可能性は高くなります。たとえ応急でも、サインは気づいたその場で対処しなくてはなりません。

モラルの問題ではないですよ。仕事上の効果的な方法の話です。

問題に気がついた瞬間が解決力は最も高い

5~6 週目のポイント

CHECK ► 聞き上手に徹せよ。女性は評価や解決でなく関係づくりの会話を求めている。

CHECK ► 愚痴を延々と聞くことは非生産的。次のステップを示せ。

CHECK ► 話す速度は倍の時間をかけてゆっくり。せっかちは禁物。

CHECK ► 会話の内容ばかりに囚われるな。ボディランゲージを見られている。

CHECK ► 話の途中でさえぎるな。相手の自己重要感を低めることになる。

CHECK ► 相手に能力がある前提で接すると、できるようになる可能性が大きい。

CHECK ► 女性は男の自慢話に器量の小ささを感じると心得よ。

CHECK ► まずは同調してから対応策を示す叱り方をせよ。

CHECK ► 女性はきちんとした判断基準を持つ上司に決定を委ねたがっている。

CHECK ► 女性の視界内では一生懸命さを怠るなかれ。

CHECK ► その人ならではの良い部分を見つけてほめ、自己重要感を高める会話を重ねよ。

CHECK ► 普段と少しでも違う態度を感じたら、3分取ってその場でプチ解決せよ。

7~8週目
女性に有効な言葉の力を借りよ！

コミュニケーションをより深めることを目的とした
「ベクトルを同じ方向に向ける」ためのトレーニングをします。
言葉の持つプラスの力を使い、
逆にマイナスの力もあることを認識しながら、
ベクトルを相手と同じ方向に向ける会話の練習をします。

▼「ありがとう」「ごめんね」と言う習慣を

さて、ここからは、今まで学んできたことに加え、さらに女性に対して有効である「言葉」の力を借りてコミュニケーションを深めていきます。

でも勘違いしないでくださいね。うまい言葉を使って詐欺師のようになろうってわけじゃないですよ。女性の心に響く言葉や言い方を身につけていくのですからね。

僕は「心理学の本でお勧めは？」と相談されると、心理学の本の前に読んでくれるようにお願いする一冊の本があります。『水からの伝言』（ＨＭ総合研究所・江本勝著、波動教育社刊）がそれです。ご存じの方も多いと思いますけど、様々な状況の水の結晶が写し出されている写真集なんですね。たとえば「ありがとう」の言葉をかけ続けたごはんは芳醇な香りを発し、かたや「ばかやろう」の言葉をかけ続けたごはんは、真っ黒に変色して腐ったりするというんです。

かけた言葉によって水の結晶が明らかに変化して、ごはんの味まで変わってしまうというのが事実だとすると、これはスゴイことです。特に「感謝」の言葉は、どの国の言葉でも綺麗な結晶になるそうです。人間はもっと言葉の持つ言霊《ことだま》パワーの偉大さを認識しないといけないのかもしれません。

人間の身体は70％が水分ですから、ポジティブな言葉ばかり遣っていると、綺麗な六角形の結晶が体内に整って、ネガティブな言葉ばかり遣っていると、結晶が形をとどめなくて、体調もすぐれずに疲れてイライラするんじゃないでしょうか。

この研究が本当かどうかの裏づけを僕自身が持っているわけではありません。でも、本当なら素敵ですよね。

男性はコミュニケーションの中で、とかく「ありがとう」や「ごめんね」という素直なパワーを持った言葉を省略しようとしがちです。だからこそ、ちゃんと言いましょう。

普段の仕事では、必要なら叱ってもいいのです。だけど本当は、**叱って受け入れてもらえる人というのは、ちゃんとほめることもしている人**なんですよね。いつもまったくほめもしない、お礼も言わない相手から叱られたって、女性は聞いているフリして心を閉ざしてるんですよ。だから心を開く準備のためにも、その都度、その場で、**ささいなことでもお礼と感謝は必ず言葉に出しましょう**。そうしないと女性社員に気持ちは伝わらないし、コミュニケーションもそれ以上深まりません。

あなたも自分自身と周囲の人たちの結晶をきれいにする、素敵な言葉の習慣をつけましょうよ。

言わなかった気持ちはなかったことにされてしまう

▼感情の表現をそのつど言葉にする

僕は女性に対して、「ありがとう」や「ごめんね」を口癖のように言います。男にはほとんど言えません。まだまだ全然、僕自身が修業中なんですね。

こういった言葉を受け取ることで、相手の女性は自分の存在が認められていると感じて「自己重要感」が増しますよね。これは、女性に戦力となってもらう上で重要なポイントとなります。

あなたがたとえ、どうでもいいと思うようなことでも、日常の出来事から湧き起こった感情は、なるべくその場で言葉として発する練習をしましょう。

「天気が良くて気分がいいね」
「コーヒーを入れてくれてありがとう」
「灰皿を片づけてもらって助かったよ」
「あの店のランチはおいしかった」……とかね。

何を考えているか分からない相手とは、上滑りの会話になってしまいます。感情表現の言葉を会話の中で多用することが、女性社員の共感を呼んで、次のコミュニケーションにつながります。

男の人と女の人では、そもそも生きている世界が違うからです。**女の人は「今、この瞬間、この場所」に生きている人が多い**のです。でも男はそうじゃない。自分が向かいたい目標、あるいは反対に自分が行きたくない結果に心がとらわれてるので、今、この瞬間を生きていない人が多いのです。

だから、今起きたことを言葉にするクセをつけて、女の人の生きている世界と足並みをそろえれば、共感してもらいやすくなるのです。

今、この瞬間に起きた気持ちを言葉にする

▼「ポジティブなほめ言葉」の影響力

夫婦や恋人の男女間の大喧嘩だって、元をたどればささいな一言だったりします。それが、売り言葉に買い言葉でエスカレートして、別れるの離婚だのってことに発展しちゃう。言葉ひとつの持つ力って、恐ろしいものですよね。

だから、「馬鹿じゃないの」なんて言葉を言われると、親しい相手なら喧嘩になるところを、上司だからとぐっとこらえ、我慢して呑み込むってことも、女性社員にしてみれば

珍しくないわけです。気をつけてくださいね。

ネガティブな言葉ばかり言う人の周りは、誰だって近寄りたくありません。当然、女性社員からも人気がない。男だって、泣き言ばかり言う女性社員は嫌いですよね。ポジティブな言葉を遣う人の周囲は、明るい雰囲気に包まれているから人が集まってくるのです。

優秀な指導者になると、ポジティブな言葉でもいろいろと使い分けています。ほめ言葉がそうです。

ある社員は「すごいぞ！　よくやった」とほめるといちばん喜ぶ、また、「お前は天才だ！」と言わないと喜ばない社員、「キミがいてくれてホントに助かるよ」と耳打ちするとモチベーションを上げる社員だ、というふうにね。

そんな個々のほめ言葉に対する反応も、ひとつひとつ確認しているんです。

それでは、もしある女性社員が、最も嬉しいと感じるほめ言葉を、あなたの口からだけ聞くことができるとしたらどうなるでしょう。

あなたにほめられたくて、あなたから指示された仕事に一生懸命取り組むでしょうね。

ほめ言葉というのは、他の人からも明らかにほめられそうなことをいくら言っても効果がない場合があるんですね。

経理担当の計算が得意な女性に「伝票整理が早いね」と言うのは当たり前のほめ言葉。むしろ、「いやあ、電話の応対の感じがソフトですごくいいよね」と、本人も気づかなかったような意外なところでほめると、相手も喜ぶんです。

そこに気づいてほめるという行為だけでも、あなたには新たな能力を見つけて伸ばす資質があります。

人の気づかない部分を見つけてほめてあげる

▼楽しそうに話し、楽しそうに振る舞う

会話ベタの男性は、どうしても話の内容を気にすることが多いんですね。でもいくらセリフに気をつかっても、コミュニケーションの影響力でいうと、雰囲気の方がはるかに大きい。だから、なにより楽しそうに話して、楽しそうに振る舞うこと、そして楽しそうに生きていると相手に見せることがポイントです。

よく、僕のもとに「女性に対する必殺技の口説き文句を教えてほしい」って質問してくる人がいます。でも、小手先のセリフで相手が変化することを期待するのは無理です。

子供の頃、クラスの人気者だった男の子って、たいして面白いことを言ってないのにみんなが笑ったり、そいつの周りに人が集まったりしてませんでした？　それは、楽しそう

な雰囲気をそいつが持ってるからなんです。

笑顔をマニュアルに明記して盛り込んでいるファーストフード店が多いのも、明るく楽しそうな雰囲気の店づくりと、相手を気持ちよくさせるアイテムが、笑顔であるからなんです。こわばった表情ばかりしてる人は、最初は無理してでもいいから微笑んでみることです。人間、何でも慣れればできます。

そのうち自然と微笑むことができるようになります。

ちなみに、ある医学的データによると、人の免疫力を上げるのに最も効果が高い行為は「笑顔」でいることなのだそうです。

笑顔は最も安価で、最も効果の上がる環境改善投資

▼「ちょっとお願いしてもいいかな」の積み重ね

「笑顔」と「相談」の存在する場から大きなお金が生まれるのだという経営者がいます。相談されると、人は頼りにされていると感じて嬉しいものです。そういう場から生まれる「気」が、大きな商売に結びつくという考え方です。

これには僕も全面的に同意します。非科学的ではありますけどね。しかし現実に、笑顔で相談を持ちかけるという行為は、人の心を動かします。女性社員との関係づくりにも大いに役立つんです。

これは、**自分と相手との思いのエネルギー、つまりお互いのベクトルを同じ方向に向けるという作業**になります。すでに、ここまでの段階のトレーニングでも、コミュニケーションを取る以前には違う方向だったベクトルを、同じ方向にする作業をしてきました。さらに、このベクトルを少しずつ積み重ねていくように意識してみます。

オススメは「ささいなお願いをする」のを繰り返すことです。たとえば「ゴメン、ちょっと伝言してもらえるかな」「ホチキス借りてもいい?」なんてことです。決して焦らず、友人なら頼めるような小さいことをお願いしながら、人間関係を徐々に築いていくんです。

そして「ありがとう」と言います。すべてのお願い事は「ありがとう」を言う布石《ふせき》です。そして、言葉だけでなく、感謝を少しずつ形に変えてみましょう。大げさじゃなくていいんです。コーヒーを入れてあげるとか、小さいことがいいんです。こうして、次のお願いをしやすくします。

小さなお願いができる関係になったら、今度は少し大きなお願いもして、徐々にベクトルを同じ方向に重ねていくんです。

ブランコや振り子のように、だんだん大きなお願い事に育てていくのです。つまりこういう繰り返しになります。

「小さなお願いをする」――→「ありがとうと言う」――→「小さなお返しをする」

こうすることで、相手の女性社員もあなたに親切にされると、「お返しをしなくては」という気持ちになってくるのです。

親切の振り子の原理を使おう

▼「たとえば……」の物語で感情を動かす

もうひとつ、健全なコミュニケーションに効果的な方法があります。「たとえば……」という話し方で会話を始めるのです。

人は物事を考えるとき、過去にうまくいった自分の成功体験を手本にしようとします。だから男性は論理的に、女性は感情的に物事を考えることになります。ここで、両者の食い違いが広がるのを解決するのにも「たとえ話」は効果的なんですね。

「たとえば……」を用いて、自分や相手の過去とか未来のたとえ話をつくろうとすると、男性は必ず思考を迂回させなくてはならない。なので、すべて理詰めで構成することを放棄しなくてはなりません。

一方、女性は感情だけでなく、論理的にストーリーを考えないと話の筋道が通らなくなるので、感情を少し手放す。必然的にお互いが歩み寄ることになって、誤差を埋めやすくなるというわけです。

これは「メタファー」といいます。ストレートに表現しても受け入れにくいことを、回り道をしていくことによって、無意識に受け入れさせる手続きとなるのです。

だから、**女性にはたとえ話をたくさんしましょう**。

具体的なたとえ話を数多く用意しておくと、女性の感情を納得させるのにとても有効に働きます。今までにこのたとえ話だけでも、１００件以上の経営者の方からの相談を解決しています。

男性社員相手でも、子供でも有効です。コミュニケーションがすれ違ってしまったとき、問題そのものを直接的に話すよりも、エネルギーを一度たとえ話に逃がした方が良いケースは、実に多いのです。なかでも対女性のコミュニケーションで、より威力を発揮します。

女性社員に話が納得してもらえないときには「どんなたとえ話であれば納得してもらえるだろうか？」と考えてみてください。

同僚や部下の男性社員と女性社員の考え方がズレているときの調停にも使えます。

常日頃から、たとえ話を考える習慣をつけておくと、とっさの場面でもスムーズに出てくるようになりますよ。

コツは、**会話の最初に「たとえば……」と言い出してしまう**ことです。内容については、それを言った後で考える。相手が既に知っていることを選んで話題にするのがオススメ。具体的にイメージしやすいので、理解を深めてもらうのに役立ちます。

たとえ話は、既に知っていることと、まだ知らないことを結びつける架け橋になります。だから**相手が既に知っていることをベースにして話を始めて、あなたが伝えたいことをそこに乗せていけばいい**のです。

たとえ話は、知っていることと知らないことを結ぶ架け橋

▼過去の再体験で急接近できる

ある、女性経営者の方から、こんな話を聞きました。

その方の会社にはトラブルメーカーの女性社員が一人いて、頻繁に彼女が人間関係のいざこざを起こしていたんだそうです。

ところがある日、社長も含め、社員たちと飲み会をしたとき、話の流れでトラブルメーカーの彼女が、幼少時に非常に恵まれない家庭環境で育ったことがわかったそうです。その身の上話に同情して、みんなして酒の席で涙を流したと言うんですね。

翌日から、その彼女がまるで人が変わったかのように、会社のみんなに優しくなった。その女性経営者も「一体何が起こったのか分からないんですけど」と驚くくらい、彼女に関する社内でのトラブルはまったくなくなったのだそうです。

そりゃあ自分のために一緒に泣いてくれた人間相手にトラブルを起こすほど、性格の悪い、ひねくれた人間だったら、相当なツワモノでしょう。

これは、つらい過去の感情を共有して泣いてくれた人たちに対して、彼女は意地悪をしないようになったんです。

心理療法などでよく言われる「ラポール」という現象が、ここでは起きています。過去の話をするのは、その代表的で効果的な方法のひとつなのです。

ラポールはフランス語で「親和関係」という意味です。「8歳の幼児体験を共有するのが最も効果的」と唱える人もいますけど、僕の実感値としては、相手の過去を振り返ることそのものが大切で、特定の年齢は関係ないと思いますね。

相手に子供の頃の話をしてもらうのがいちばん簡単です。

長年、一緒に仕事をしてきた仲間でも、たとえ夫婦であっても、過去の情報を知らなすぎる人が驚くほど多いんです。奥さんがどんな少女時代を過ごしてどんなことを考えていたか、まったく知らないと言う経営者もいます。

そういう人は熟年離婚も避けられないでしょうね。悪いことは言いません。今からでも遅くないですから、近しくしていたい女性には、なるべく多くの質問をして、過去の情報を獲得しておくことです。

個人情報を知られるのが怖いという考え方もあるかもしれません。でも、好意的に感じている相手が、自分のことをまったく知らないのは寂しいですよね。

また、過去に話した内容を覚えていて、会話の中にその情報を混ぜてラポールを獲得する手法を「バックトラック」と言います。相手の出身地だとか、趣味のことなんかをさりげなく会話に入れるんです。技の名前がつくくらいですから、過去の話を覚えていてくれる人がいるというのは、相手の心を開くのに、大きなインパクトを持っています。

昔話を話すと、人は心が開かれる

▼「大丈夫だよ」のひと言で安心する

不安な状況の中にいると、女性は味方になってくれる人を特に信頼します。そこで、失敗してもいいのだという安心感を与えることもひとつの演出になります。

恐怖と好感の実験で有名な「つり橋の話」はご存じの方も多いでしょう。簡単に言うと、男女で釣り橋を渡った後に女性を口説くと、口説き落とせる確率が高いという話です。

先日、スカイダイビングをしたとき、それを僕自身も深く感じました。なんのトレーニングもしていない僕は、インストラクターと身体を固定して一緒に飛ぶというタンデムジャンプで経験しました。上空4000mから飛び降りるのですから命を預けるわけです。でも、そのインストラクターが頼りなさそうなんですよ。実際、つい先日は事故で亡くなった人もいましたしね。

ところが、その人についてもらって飛び降りると、その人に対して好意を感じてしまうのです。もう理屈じゃありません。

「ああ、これが有名な『ダットンの恐怖と好感の反応』なんだ!」と実感したわけです。脳を攻略されて好意を感じるというのは、自分では抑えられない現象です。抵抗できません。

この話のように、すごく不安定になると人間は安定しようとします。いったん不安定になると、安定してからでなければ次のアクションに移れない。だから、不安と安心との大きな感情の波を、一気に共有した相手に親近感を持つようになるんです。

職場にいても、実はチャンスが山ほどあります。

不安感を持っていない人っているでしょうか？

ほとんどいませんよね。その**不安を持った社員や部下全員を相手に、あなたはチャンスを持っている**ということになります。

この、不安と安心の感情の波を共有することについては、次の章で詳しく書きますが、ここでは、後ろで見守って責任をとってくれる人がいるという安心感が、女性の持つ力を最大限に引き出す要素になり得るということを理解してください。

だから、「大丈夫だよ」「きっとうまくいく」「僕が責任をとるから」「思いきってやってごらん」といった、**相手を支える言葉が、仕事に対する予想外のパワーを導き出すこともあるのです。**

その際、失敗する可能性があっても、一度は仕事を任せてみることです。もし失敗したら、全力で責任はとってあげる。小さな失敗を恐れて仕事を任せなければ、才能だっていつまでも花開きません。信頼して任せてくれたことがわかれば、彼女だってその分、あなたに報いようとします。その見返りの方が、はるかに大きかったりするんです。

あなたが大きな仕事を成し遂げようとするのなら、いつかは必ずあなた一人ではできないときがやってきます。誰かを育てて任せなければならない日がきっと訪れます。

そのときには、部下が失敗したら、嫌でもすべてあなたの責任となるのです。自分の失敗でなければ責任などとれないという人でも（その気持ちもわかるんですが）、大きな仕事を遂行するには、他人の失敗も全部責任をとらなければならない日が来るんです。その練習のつもりでやってください。

特に先にもお伝えした「**欲しい結果を明確にする**」「**それを任せて期待を伝える**」「**失敗してもあなたが責任をとる**」。この3つをあなたが実行すれば、女性が報いてくれる確率は非常に高い。

報いてもらえない場合には、このプロセスのどこかに穴があるかもしれないのです。

成功への期待を伝え、失敗の責任はとる

▼「ほめる」と「叱る」は感情共有の最高のチャンス

ほめることと叱ることを、あなたが勝手に相殺《そうさい》してはいけません。

よく、ほめることと叱ることがひとつずつ発生すると、勝手に心の中で相殺して、どちらの行為もしない人がいるのですが、これは絶対にやめましょう。

きちっとほめて、きちっと叱る。どちらもせっかくインパクトの大きな感情を共有できるビッグチャンスなのですから、どちらもその場で有効に活かしましょう。

感情的に怒ることができないタイプの人は、無理にそうしなくていいんですよ。叱ることの効果は、問題を短時間で明確化することによって、それを相手に認識させることにあります。これができるのなら、なにもあなた自身のキャラクターに逆らってまで怒らなくてもいいんです。

ただし、自己保身のために優しさと甘さを混同して、叱るというプロセスを放棄してしまう人が時々います。そういう人は考えを改め、きちっと叱る行為をトレーニングすべきです。

同じミスを何度も繰り返す女性社員がいたら、それは上司の責任なのです。1回目は部下の責任の割合が大きいと思います。上司にも予測はできませんから。その部下の今まで育ってきた人生の中での価値観だったり、仕事に不慣れな甘さから起きた失敗かもしれません。

でも、同じことが2回起きたら、それは完全に上司の責任です。「何度も同じことを言わせるな!」と怒ってしまうのも、もっともな話です。でも上司にも「何回も同じことを、同じ言い方、やり方で言うな！」という話なんです。叱るのにも毎回、やり方を変えましょう。2度3度、同じ話をしなくてもいいように、毎回きちんと手を打たなければいけません。

同じミスが続いたら2回目からは上司の責任

▼叱るのに「人前で」「大声」は禁物

さて、その女性の部下を叱るとき、周囲の人たちの存在にも配慮してください。あくまでも効果性の問題です。安っぽい人権意識やモラルの問題ではありません。

そもそも仕事ができない人間、給料分を稼げない人間、会社に不利益をもたらす人間が悪いのは言うまでもありません。しかし、特に女性社員については、大声で罵倒《ばとう》したら他の部下にどう思われるか、想像してください。「みんなの前であんな叱り方して、可哀想に。ホント、嫌な上司」ということになるかもしれません。

「昼休みが終わったら、ちょっと会議室に来て」とか、場所や時間を配慮して1対1で面と向かって話せる環境を準備した方が失敗の確率は低いですね。ただ、周囲に分かるよう、大声で叱る必要があるケースもあるんです。例えば、上司である自分が明らかに優遇している人間、可愛がっている人間は、人前で叱った方がいいのです。

そもそも優遇される人間には、優遇されるだけの理由があるのですが、どうしても他の社員は、それをヒイキだと誤解しています。手塩にかけて育てている人材というのは、その会社への貢献度が高いがゆえに、特別扱いなんです。むしろ圧倒的なエコヒイキをすべきだと僕は思ってます。

実際に短期間で企業を成長させた経営者には、そういう懐刀が例外なく存在します。だからこそ、逆に特別扱いされている人間が、他の社員たちと仕事をしやすくする手段として、わざとみんなの前で分かるように叱ってみせる機会があっていいのです。

それ以外のケースで、一般の女性社員に対して人前で罵倒してしまうと、罵倒した本人はもちろんのこと、周囲の女性社員からも反発されたりします。中小企業の創業社長なら、そういう理不尽な反発を力で抑えられるだけの影響力を持っているかもしれません。でも、多くのサラリーマンは、部下に結託されてボイコットでも起こされようものなら、出世はそこまでかもしれませんよね。

ほめるも叱るも、目的は仕事の処理速度が早くなること

▼名前で呼ぶのは常識、より親しい呼び方に工夫を

直属の女性部下に向かって、「おい」とか「ちょっと」って、名前で呼ばない人がいますよね。あなただってそんなふうに呼ばれたら、いい気持ちはしませんよね。

万が一、あなたがこういった呼び方をしていたら、今すぐやめて、きちんと「さん」をつけて名前で呼んだ方がいいのではないでしょうか。ほとんど例外なく、**名前で呼ばれていない女性社員は、自分の価値を低く見られていると思っています。**もちろん、自分のことを名前で呼ばない上司に心を開く気はないでしょう。

会社の業績向上には実に多くの手がありますが、その中でも最も配慮すべき重要な要素のひとつに「社内の活気」があるんですね。伸びる会社には必ずと言っていいほど活気があります。そして清潔であることが多い。

活気のある会社は名前をよく呼び合います。単に名前を呼ぶことだけで、相手の自己重要感をどれだけ増すかは分かりませんが、社内で名前を覚えない人間ばかりに囲まれていたら、間違いなくその人の自己重要感は下がるでしょう。

例えば、実際に忙しいことは分かっているけど、どうしてもこの人に頼みたいって仕事がありますよね。そんなとき、単に「この仕事を明日の夕方までに頼むよ」と言うより、

「○○さんにこの仕事を頼みたいんだけどお願いできるかな。明日の夕方までに仕上げてほしいんだけど」といった感じです。

時間をかけてコミュニケーションやベクトルの修正、調整を重ねることができたなら、女性社員たちの名前を「さん」ではなくてニックネームで呼ぶのもいいかもしれませんね。

もちろん受け入れてもらえる前提を作ってからですよ。「おい」とか「ちょっと」を使っていた人は、ニックネームで呼んでも、受け入れられるまでには長い道のりがあることを覚悟してください。

親しくなってくると、いつまでも他人行儀な呼び方では違和感が出てきたりします。そんなときは、経営者や幹部が部下に対して親しげな呼び方に変えると、社内のムードもガラリと変わります。もちろん、社外の人間がいる前では完璧に礼儀正しく武装できる前提も必要ですよ。

社内が明るく結束していれば、外に対しても上司に「恥をかかせないようにしたい」と思ってもらえるんです。ところが、部下自身が普段から恥をかかされ続けているとしたら、上司が恥をかかないように気を遣うなんてことは期待できません。

マネージメントの道具ではなく人として名前を呼ぼう

▼メールという利器はこうして活用する

これだけパソコンの環境が整っている時代ですから、メールを活用しない手はありません。社内や部署ごとのメーリングリストや掲示板でマメに部下たちとコミュニケーションをはかりましょう。

口では言いづらい感情表現でも、メールにしてしまうと素直に書けることだってあります。会話が苦手でも文章なら得意という人も発見できて、新たな社員の可能性を引き出せるかもしれません。

会議の時間をわざわざ取らなくても、メーリングリストや掲示板で解決できることもあります。飲み会やイベント、誕生日といったときのコミュニケーションツールとしても活用できます。

会議は会議でしかできないことをやりましょう。メーリングリストで完結できることは、メーリングリストで終えた方がいいです。会議そのものは1円も生み出しませんから。

それに、事前情報をしっかり流すことができるので、メールは根回しツールとしても最適です。

書き方のアドバイスとしては、3日に1回まとめて書き込むよりは、**たとえ1行でもい**

いから毎日書き込むことです。

でも、女性社員に個人的なメールを出すのは、できるだけ避けた方が賢明です。相手にとって外部に出すことがはばかられるような内容なら、個人メールを使わなければいけないケースもあるかもしれませんが。あなたが隠したいという理由で個人宛のメールを出すのはダメですよ。

落ち込んでる部下を励ますときや、あなたが謝りそこねたとき、すぐに「さっきの言い方は悪かった。申し訳ない。でも内容については仕事上譲れない。責任は僕がとるのでお願いできるかな」といったメールを送るだけでも、相手の心には大きなインパクトを与えることだってあるんで。

コミュニケーションには質と量の問題がありますが、質的成長は一朝一夕には無理なのです。でも量は心がけひとつで、今、この瞬間から変えることができます。

コミュニケーションは質より量、初心者には特に

7~8 週目のポイント

CHECK ► 「ありがとう」「ごめんね」などの感情をマメに言葉で表現せよ。

CHECK ► ポジティブな言葉で楽しい雰囲気をつくりだせ。

CHECK ► 友人にするようなささいな頼み事を重ねよ。そのお返しも忘れずに。

CHECK ► 「たとえば」を使って疑似体験できる会話を心がけよ。

CHECK ► 相手の過去の情報を引き出し、その感情を共有せよ。

CHECK ► 小さな失敗を恐れず、支えているという安心感を与える言葉で仕事をさせよ。

CHECK ► 「ほめる」と「叱る」の行為は相殺するな。ただし叱る時と場を考えよ。

CHECK ► 相手の名前はきちんと呼ぶ。親しくなったらニックネームで。

CHECK ► 1行だけでもインパクトあり。メールをマメに活用せよ。

9～10週目
女性に信頼される自分をプロデュースせよ！

9～10週は相手の感情を揺さぶることを目的とした
「型を身につける」トレーニングをします。
女性社員を活用する神髄ともいえるテクニックです。
これを実践して場数をこなし、
女性社員たちから信頼を勝ち得るあなたになりましょう。

▼徹底的に基本の「型」を身につける

この9週から10週目の章では、対女性向けの基本的な型《かた》を身につけながら、自分を演出していくトレーニングをします。今までは「女性社員とのコミュニケーションに慣れる」という、基礎体力をつけてきたわけです。その基礎体力づくりに「型を身につける」ことをドッキングさせて、トレーニングの効果を倍増させるというわけです。

では、女性とのコミュニケーションの「型」とは何でしょう。

武道でも伝統文化でも「型」を重視しますよね。徹底的に稽古を重ねて、一度型を体得することさえできれば、後はそれを発展させたり、アレンジすることは簡単。つまり、武道で言う「守破離《しゅはり》」です。

気をつけてもらいたいのは、そこから少しずつ逆らってみて、最終的に自分の道を見い出せると勘違いしてる人がよくいるんですが、本当の達人はそういったプロセスをたどってはいません。

必要なのは基礎の体得の徹底です。徹底してやり込むほど自分なりの個性がにじみ出てくる。そのにじみ出た個性を伸ばしていくのが「破」の段階です。「守破離」に対する理解を間違えてしまうと、基本を大切にしないで、すぐオリジナルを作れると勘違いをする人が出てくるようです。

歌舞伎でも落語でも、同じ演題を別の演者がやると全然違うものになりますよね。武術、格闘技でも、まったく同じ技術体系を学んだとしても違う戦い方をする。もちろん、根幹部分は同じなので、共通する部分はあります。でも表現されるものはまったく変わってしまうのです。それが「個性」です。

ですから、ここで言う型も、自分なりのオリジナルという発想は捨ててください。基本を徹底して忠実に守ろうとしていくなかで、自然ににじみ出てしまうのが個性なのです。

僕が提唱する型は、「感情の振り幅に波を作っていく」というものです。

感情をニュートラルなゼロ地点、つまり嬉しくもないけれど、悲しくもないというような状態から、**プラスのポジティブと、マイナスのネガティブの振れ幅を大きく揺さぶることで、その人を魅力的に見せられる**というものです。

魅力とは、その人間が起こした感情の波の大きさ以外の何ものでもありません。そして、その波が相手の中に起きてしまったことが、その人の評価となるのです。

正しくは、プラスとマイナスの感情の振れ幅だけじゃなく、もっと立体的にいろんな角度に揺さぶりをかけることで、その**3D状の座標上にできる総面積や総体積に比例して、魅力も大きくなっていきます。**

つまり、相手の女性の中に、それだけ様々な感情経験を生み出していくことが大切です。

これが組織としてできると、非常に強いものになります。

ただ、ネガティブな領域にだけ波が振れ続けるのはやはり魅力的とは認識されない、など細かい制約はあるのですが、まずは基本の基本から覚えてください。

「ネガティブな方向に波が振れてもいいのだろうか」と心配する人もいるでしょう。でも、そちらにまったく針が振れないと、魅力というものは生まれないのです。ネガティブとは「怒り」「憎しみ」などばかりではなく、「物悲しさ」や「切ない気持ち」も含まれるからです。

悪いヤツほどいいことをすると、際立ってよく見えますよね。最初は期待値が低くて良い感情を持っていなかった不良の男の子が、おばあさんに席を譲っただけで「ああ、いい子だな、見かけで判断しちゃいけないいんだなあ」などと思ってしまいます。さらに、その横に真面目なガリ勉タイプの子が座っていようものなら、「ガリ勉は冷たい」などと同時に決めつけたりします。事実は分からないのに。

人間の心理にはそういう傾向があるのです。

子供の頃って不良がモテますよね。ちょっと悪ぶっている子がモテる。それは感情の動きが大きくなるような期待感があるからです。

「いい人」はモラルがしっかりしているから、つき合う相手の感情がプラス方向にだけとどまるように気をつけます。だからプラスの領域内での振れ幅しかない。そうなると魅力も小さいんですね。

自動的に、感情が動いている人、それも**ネガティブな状態にある人をサポートしてポジティブにしてあげると、相手の心の中に波が起きて、サポートしたあなたも魅力的に映るんです。**

でも、ただそれを待っているだけでは、偶然に頼らなければいけないですよね。それをもっと能動的に攻撃的に考えましょうということなんです。

魅力は感情の波の大きさで決まる

▼ポジティブとネガティブの振れ幅を意識する

この、ポジティブとネガティブの振れ幅を普段から意識して応用することが、女性心理の活用法の神髄です。

たとえば、仕事でミスをしたり目標を達成できなかった女性社員を呼び出したとします。彼女は叱られるのだと思って、心の準備をしてあなたのもとへ来るとします。おそらく彼女はすでにネガティブの感情領域に入ってますから、その延長線上に感情を持っていくような叱り方では効果は薄いんですよね。叱られる自覚があり、叱られる予想をしている人間に「叱る」行為は必要ないのです。

「叱る」ことで到達する彼女の内面の状態は既にできているので、それを叱らないというだけでも意外性が生まれることになります。ただし、ナメられてはいけません。同じミスが頻発しますので。

もしも叱るという方法で対応するとしたら、彼女が想定していないほどのカミナリを落とさなければ効果は生まれません。小言を言われるくらいだろうという本人の予想に反して、泣かせるまで怒鳴りまくるくらいのことをやらないと効果がなかったりするのです。

でも、それには相当な覚悟がいります。恨まれるかもしれないし、相手との心理的距離を広げ、職場の空気も悪くなります。なにより、叱るあなたも気分は良くないでしょう。

業績を上げることが最大の命題だと考えれば、そのために必要な局面もあるかもしれません。しかし、リスクは大きい。怒鳴るといった叱り方には決定的な欠陥があります。それは効果が簡単に薄れるということです。

では、効果の薄れない方法とは何でしょうか？

それは、予想外の死角を常に意識して攻めるということです。それが最もエネルギーが少なくて効果が高い、エコロジカルな方法なのです。

つまり、叱られると想定しているのが明らかであれば、あえて叱らないで「僕が伝え方を間違えたかなあ、キミなら理解してくれれば絶対にできると思ってたんだ。僕がどんな指示をしたか、もう一回言ってみてくれないかな？」と言ってみるなど。「気分転換していないからミスるんじゃないか？　週末でもみんなで飲みに行くか」なんて言うのもいいかもしれません。

てっきり叱られると思っていた彼女が予想外の対応に感情を揺さぶられれば、あなたに対して「申し訳ない。次からはもっと丁寧に仕事をしよう」と思う確率が上がるわけです。

女性部下を叱るはずの場面で、こんなことを言って成功したという管理職の人もいました。

「こんなミスをするなんて疲れてるんじゃないか？　音楽好きだったよなあ。最近コンサート行ってないんだったら、今月中に行ってこい。その日だけ特別に早退していいから。ただしその感想を報告すること」

なかなかうまいことを言いましたね。

もちろん、叱られると予想していないような、仕事をナメてるいいかげんな人間の場合、カミナリを落とすのは僕も賛成です。そこが死角になってますから。

相手の死角を効率的につくのがエコロジー

▼良い面を見つける訓練と割り切る

あなたとのコミュニケーションの中で、感情の波が揺れる経験を繰り返して積み重ねると、話の通りが良くなってきます。女性社員の方からも心を開いてくれるからです。

何ごとにおいてもそうですが、すべての女性社員に対してスムーズにいくというわけにはいきません。実りの早い相手もいれば、なかなか時間がかかる相手もいます。「男と女は違う生き物」と、初心に返り、相手の良い面を見つける訓練と割り切って探してみましょう。

ここで特に気をつけてほしいのですが、僕が多くの会社をお手伝いさせていただくと「ネガティブな感情はどう演出すればいいのでしょう?」と質問されるんですよ。

それは最初のうちから意識しなくてもいいのです。

落ち込んでいる女性社員をわざわざ探して励まそうとしなくても、たいていは上司と話すだけでネガティブな感情が生まれますから。これは嫌われているって意味ではありません(もちろん嫌われている人もいるんですけどね)。

女性は、上司に呼ばれるだけでも不安感が生まれる傾向があります。だからネガティブに波を動かさなくても、日頃から自動的に動いているのです。

要するに、**多くの職場ではほめるだけでも効果が上がりやすい土壌が、既に整っている**のです。だからこそ、ほめて、いたわり、ねぎらうトレーニングをたくさんしてください。これが上手にできるか否かは、意識的に行ったトレーニング量に比例します。やればやるほど必ずうまくなります。

ほめることを意識的に繰り返す

ほめないという選択肢はありません。今は上手にできなくても必ずほめることを体得しなければいけないのです。他の方法で代替はできません。

どうやってほめるか、いたわるか、ねぎらうかを考えてください。

それによって、ときには慢心増長する人間もなかには出てくるでしょう。でも女性相手の場合、慢心増長する人数を補ってあまりあるある協力者が出てきます。

▼女性には花を持たせる

キャリア志向の女性が増えている昨今、どういう男が求められているかということを考えてみましょう。

彼女たちが能力を発揮する邪魔をせず、花を持たせることができるタイプが理想です。その上で、あなたが女性に劣らない価値を持っていればいいわけです。

ある光学機器メーカーの取締役に素晴らしい方がいます。この人は、東北弁で温かい感じの話し方をする非常に温厚な方なんですが、昔から、この人自身はほとんど仕事をしていないのです。なのに必ずチームでは結果を出している。

彼は常にいろいろな人に会っています。そして困ったことを聞き出すと、「あいつができるんじゃなかったかな」と言ってはすぐに電話をして、「こいつ困ってるんだけど、お前、助けてやってくれないか?」と、間をつないで問題を解決していくのです(この方の独特の東北弁の雰囲気が伝わらないのがもどかしいですが)。そうやって助けていくなかには、もちろん女性も入っています。助ける方にも助けられる方にもいろいろな人たちがいます。そこに女性を入れることにも抵抗がない。

つまり、彼が最も解決能力があると判断した人間につないで、次々と問題を解決する。これは彼の持つ素晴らしい能力であり価値です。僕の目標としているメンターの一人でもあります。

女性を助けてあげられる人も少ないですが、職場で女性に花を持たせることができる男はもっと少ないんですよね。多くの企業では今でも男が経営者や上司で、女性が部下というケースが多い。そういった上にいる男性たちの多くは、すべてに勝っていなければ威厳が保てないと勘違いしています。そうなると女性部下の能力の芽を摘んで、フェアな判断ができなくなってしまうのです。

特に地方都市では、男尊女卑の会社が今でも多く残っています。もっとも、地方では女性自身がそれを受け入れる土壌があるので、女性から男の人に寄りかかる依存体質が多い地域があるのも否定できません。なので両面からの解決が必要とも言えます。そう考えると、地方には、より花を持たせて女性を活かす大きなチャンスがあります。

「女に負けられない」と思っている上司には、女性社員に接するとき、棘《とげ》がありますよね。だから能力のある女性社員だって近づきにくいし、「仕事を任せてください」なんて、とても言えません。セリフの細部に気をつかって、仕事そのものよりも上司との対応に無駄なエネルギーを消費していたりするんです。実にもったいないことですよね。

花を持たせることができる男性は「ほめ上手」で「譲り上手」です。たとえば、経営者が新規事業プランをほめると、そのことを「そのアイデアは○○さんが出してくれたんですよ」と、発案者として部下の名前をあげるような人です。

そのアイデアが、プランとしてきちんと形になるまでを、直属の上司がブラッシュアップしたとしても、発端となったことを手柄として人前でほめてあげることができる。こんな上司が、女性からは評判がいいのです。

「そんなことをしたら評価が下がる」と思ったあなた。ハッキリ言って心配しすぎです。

実態は逆ですよ。よっぽど目が節穴でない限り、経営者だって発案した部下が、事業プランをすべてまとめたなんて思いはしません。部下のアイデアを吸い上げて形にできることは、部下の能力を活かしている優秀な上司だからです。

肩書きがある人ほど、ほめることが相手にエネルギーを与えることになるので、有効に使うべきです。任せられる人間をどれだけ育成したかで、あなたの仕事の大きさが変わってくるし、あなたはラクになり、さらに評価も上がります。

個人レベルの事務処理能力もあった方がいいですし、初期段階では事務処理能力の証明をしないといけないでしょう。万が一の時には部下よりも素早く効果的に事務処理ができなければいけない局面もあるでしょう。

ところが、日常的に自分の部下と事務処理能力の競争をしているような上司が多過ぎるんです。

僕だったら、そんな人間を雇いたくはないし、僕と親交のある経営者は皆、こう言います。「いざとなったときの事務処理能力は必要だけど、日常的には部下を伸ばす能力のある人間が欲しい」と。管理職は、チームで出す結果に責任を負う立場ですから。

そして女性は、花を持たせてくれるような上司がいたら、サポートしたいと思っているのです。そして男よりも報いてくれます。男は花を持たせても、それが自分の実力だと勘違いする人間が多いですね。女の人は自分だけの力ではないと思う人が多いですから。

花を持たせてもらえば、感情の波はポジティブに動くし、その機会が少なければより効果的でもありますよね。そしてWIN《ウイン》-WIN《ウイン》の関係を築きやすいのです。

女性とのほうがWIN-WIN関係を築きやすい

▼ディベートで勝ってはならない

女性を理屈で納得させようとするのはムダだと書きました。でも、頭のいい人ほど陥りやすいのが、ディベーターとなって、女性社員を論破してしまうことです。

これはいろいろな会社で確認されることです。理屈が通って、それで仕事がうまく進むのなら、論破してもいいでしょう。だけど**論破しても協力は得られません**。

男なら論破してもまあいいでしょう。男は、ルールがルールだから守ります。正しいことは男にとっては非常に重要な要素です。でも女の人は仮に正しいことでも、心を動かされなければ本音では聞きません。論破されてモチベーションの下がった元気がない女性が増えたら、職場だって暗くなって、それだけで業績は下がりますよね。

ほとんどの仕事の現場では、「論理的に正しいこと」に意味があるのではありません。

楽しいこと、明るいことの方が何倍も業績向上には役立つのです。

だからディベートで勝ってネガティブな感情を与えてしまったら、それを補ってあまりあるポジティブ感情を生む、他の方法をあなたが持たなければならないのです。

しかし、多くの場合、職場で女性はすでに不安感などのネガティブ感情を持っているので、そこにさらに大きなネガティブ感情を与えるやり方は、マネジメント的に良いとは言えません。

そもそも、議論で絶対勝たなければならない職業の人は、弁護士や検事など、ごく一部の限られた人ですよね。正しさの証明が必要な人たちです。あなたの日常の会話の中で、相手に勝つことによって目的を達成できることなど少ないはずです。他社とのプレゼンや営業のクロージングの場面などで勝つためのトークだって、「正しさの証明」よりも「楽しさやメリットの証明」が必要になります。

そう考えると、相手に勝ちを譲った方が、むしろこちらの思い通りになるケースが多いとは思いませんか。

「キミの発想は素晴らしいね」と勝ちを譲って相手を認めることで、最終的には女性社員があなたの味方になってくれるのです。

勝ちを譲った方が味方になってくれる

▼「オレはウケてる」という思い込みの恐怖

ディベーターが習慣となっている人種と同様、たちが悪いのは、自分のことを「面白い」「ウケている」と信じて疑わない人種です。

「オレはこんなに面白いのに、なぜ女性社員が寄ってこないんだ」と思ってるあなた。残念ながら、あなたは面白くないんです。しかも笑いを強要していることで、嫌われている可能性すらあります。

大きな笑いを取ろうとすればするほど、人気者のお笑い芸人でない限り、すべって当然なんです。プロのお笑い芸人でさえ、すべってしまうとカッコ悪くて頭が悪そうに見えませんか?

これと同じように見られるなんて、恐ろしいリスクですよね。だから、あなたがいい人であっても、大きな笑いを狙うことで、いい人でなくなる巨大なリスクを負うことになります。

笑いは感情的には強力な武器になります。しかし同時に、失敗したら、あなたを攻撃する恐ろしい武器となるのです。面白い人というのは、相手のポジティブな感情を獲得することができます。ウケなかった人は、ポジティブな感情を獲得できないに留まらず、ネガティブな感情を生み出してしまうのです。

そしてウケないということで生まれるネガティブな感情は「悲しい」「切ない」などと違って処理が難しいのです。なぜなら、面白くない人へのネガティブな感情は「軽蔑」や「生理的嫌悪感」に分類されるものですから。

つまり、ネガティブ感情のなかには触れてはならない地雷があるのです。その最たるものが、これらの「軽蔑」や「生理的嫌悪感」なのです。

だから、自分の周りに人が寄ってこないような人は、今すぐウケているという思い込みは捨てましょう。自ら墓穴を掘る必要はありません。笑いを狙うには才能とテクニックが必要です。モテることではなく、業績向上が目的なのですから、苦手ならばあえて笑いの演出をする必要などないのです。

軽蔑や嫌悪感は触れてはならない地雷

▼協力者へのお礼はこうする

ここでひとつ、大切な忠告をしておきます。

たとえ特定の女性社員と近しくなることができたとしても、あなたが妻帯者だったら、**二人きりになるような場面は絶対に避けるべき**です。最大限譲っても、業務時間内での社内の会議室が限界ですね。それも、できれば扉は開けたままで。

社内の情報を集めてくれたり、アイデアをくれたり、「こいつがいなきゃ成り立たんなあ」と思っても、「李下《りか》に冠《かんむり》を正さず」です。もし、お礼をしたくなったら、誰かが何かをしたというお祝いにかこつけて、部署やチーム単位で飲みに行くのがベストです。誘う人と誘わない人がいるのはあとあとマズいことになります。必ず全員を誘いましょう。ふところ具合を気にするよりは、全員を誘っても大丈夫な店の選択をするべきです。

これができると、あなたが経営者であれば、コミュニケーションが深まるうえに、飲み代にかかった費用以上の見返りがあるはずです。

ただし、あなたがサラリーマンだと、財布がもたないかもしれないので、お小遣いとよく相談してから決めてくださいね。いずれにしても、見栄を張った自己演出は長続きしません。

感情の側面から見ると、本来は別に物質的なプレゼントをあげたり、飲みに行ったりする必要はまったくないのです。しかし、形に見えない感情的な動きだけだと不安だという人もいるでしょう。そういう人は、物質的なこと、表面的なことにはとらわれずに、相手の内面に感謝の気持ちが伝わっているかを基準に、お礼を考えてください。お礼を形にするという姿勢そのものが評価してもらえる可能性もあるので。

世の中にダイヤを欲しがったり、豪邸に住みたがったりと、物質的欲望が強い人がいる理由は、そのことで起きる感情の動きが欲しい人たちだからなのです。

感謝という感情は、ダイヤのお礼にも勝る

9~10週目のポイント

CHECK ► コミュニケーションに慣れたら、相手の感情を振る「型」を身につけよ。

CHECK ► ポジティブとネガティブ間の振れ幅の総体積が魅力になると心得よ。

CHECK ► 相手の感情の死角に落とし込むことを意識せよ。

CHECK ► 女性に花を持たせよ。ディベートでは勝ちを譲れ。

CHECK ► 大きな笑いはリスクが大きすぎる。「小さな笑い」を狙え。

CHECK ► 疑われるような二人きりの場面は避けよ。イベントは部署やチーム単位で。

11~12週目
様々なケースに向かって積極的に対処せよ！

いよいよ上級編。
最後の2週は問題解決できることを目的とした
「様々な対処法」のトレーニングです。
女性社員に目の前で泣かれたり嘘をつかれたりと、
実際に日常で起こりうるケースを通して、
それぞれ対応の仕方をマスターしましょう。

▼女性の涙は単なる癒しのプロセス

さてさて、ついにいよいよ上級編です。これまでのトレーニングを活かして、あらゆるビジネスシーンでの問題解決に立ち向かっていきましょう。

まず、ここで大事なポイントをひとつ押さえておきます。「女性の涙」です。これに騙されないように。目の前で女性社員に泣かれたからってビビらないように。

女性にとっての涙は、感情のコントロールを失った際の単なる癒《いや》しのプロセスなんです。

たとえば、女性ばかりの部や課だったり、女性の上司と部下だったらこのことがわかっているはずです。部下がわーっとひとしきり泣いたあと、「もうそろそろ落ち着いた？」なんて、平気で話の続きを始めるんですね。女性同士では涙が通用しないことが了解済みなんです。

ところが、こういうオバサン的対応を、女性心理がわかっていない男が同じようにやってしまうとどうなるか。やり玉にあげられ、全女性社員を敵に回すことにもなりかねないんです。

そのあたりは丁寧に接する必要はありますが、そんな女性のなかにも、涙を武器に使う人と、そうでない人がいます。武器に使う女性は周りの同性には好かれていません。「あの女は泣いて逃げるからズルい」と思われています。そりゃ、そうですよね。

そうでない真面目な女性からすると、**涙を武器に使う女性の芝居に騙されている男はバカ上司にしか見えません。**騙されてしまうと周りの女性社員からも軽蔑され、信頼を失ってしまうのです。

「泣かせてしまうような言い方には問題があったかもしれない。その点については謝るよ。でも、仕事として今はこれだけの結果を出さなきゃならないことはわかってくれるかな。その対応方法は一緒に考えるから、実行してもらえないかな？」といった誠意を、きちんと相手に伝える必要があります。その答えは必ずイエスです。イエスでなければそもそも会社を辞めていますし、辞めさせるべきです。

また、女性ばかりの部署や組織の場合、一般的に、自分だけが責任をとるのを女性は嫌がります。なので、責任をとるポジションに一人だけ男性を配属するとうまくいくケースが多い。こうすることで、女性だけの部隊も組織として引き締まるんです。

例外はあります。競争社会を勝ち抜いた経験のある女性です。スポーツ競技などでの実績があったり、リーダーとしてキャリアのある女性は、そのリーダーシップを発揮して責任をとることからも逃げません。

しかし、一般的に男は方向性を絞り込むこと、女性は関係づくりが得意なので、方向性の指示、結果に向かう絞り込みは男に任せた方がうまくいくのです。

要するに、方向性の絞り込みが女性よりも苦手な男は使い物にならないということです。そういった男性は、他に突出した才能がなければ雇うべきではないでしょう。

このポジションには結果への必達意識も強くなければいけないので、女性に泣かれてオロオロするようだと翻弄《ほんろう》されて使いものになりません。だから女性の扱い方にある程度慣れている男性を配属することです。

たとえ仕事で女性を使った経験がなくても、姉か妹がいる男性ってこの辺りは慣れてます。育った家庭環境のなかで、お姉ちゃんや妹が泣く場面に何度も遭遇してるわけですね。そして、それがさほど意味がないことを肌で感じていますから。

相手との話の流れのなかで泣き出してしまうことがあっても泣かせておく。頃合いを見て本題に入るのです。本人も泣いたことで感情を吐き出しているから、あとはサッパリしているものです。

涙には適切な対応をしてサクサク先に進みましょう。

女性の涙には機械的な対応でサクサク進む

▼覚えている相手の情報を言葉にする

女性社員たちとのコミュニケーションが深まり、相手の過去やプライベート、仕事に関してなど、様々な情報を引き出すようになったら、ただその情報を持っているだけでは意味がありません。情報を記憶して、時折、会話のなかに盛り込む必要があります。これを「バックトラック」ということは先にも述べましたよね。

たとえば旅行の話題が出たとき、「そういえば○○さんって北海道出身だったよね。今の季節はどのあたりがオススメ？」と、出身地を覚えていたことを出して、さりげなく尋ねるとか。

相手の情報を覚えていることは相手のことを重んじている、少なくとも軽んじてはいないと伝えるにはとても大切です。

そもそも記憶に残る情報とは、生命維持のために重要だと脳が認識したことだけです。それ以外の情報は忘れてしまいます。それは誰の脳でも同じ。女性社員にとっても同じです。だから、**記憶に長期保存されているということは、相手を重要だと思っていると伝えるのに効果的**なのです。その反面、ストーカータイプの嫌いな人間から、自分の過去の情報を聞かされると、心底ゾッとするわけです。

バックトラックは、水商売、特に外国人女性を雇っている店舗などに応用すると、かなり劇的に効果が上がります。言葉が通じない女性を雇うと、ほとんどの店ではわざわざ彼女たちから個人的な情報を知ろうとはしないんですね。身体のサイズだとか、デートに連れて行くのに食べ物では何が好きかを聞いたりはするんですけどね。

でも、その子たちの出身国の義務教育がどうなっているのかとか、基本的なことも知らなかったりします。なかには、ものすごく不便な田舎から、家族を養うために命がけで日本に来た女性もいるのに、その事実すら知らない。しかも店のルールでがちがちに縛ろうとするから、彼女たちは萎縮してしまうか、逆にマネジメントがうまくいかないと、結束して上の人間に反発してボイコットを起こしたりします。

僕がアドバイスしたのは、彼女たちの苦労話や事情を、たとえたどたどしい日本語であっても、店長やマネージャーが聞いてあげる時間をつくること。そして、その話を「覚えているよ」というメッセージとして話してあげるようにすることでした。

その姿勢が見えることほど大切なものは他にはないのです。テクニックではなく、何度も言うように、**最も重要なのは「ケアする気持ちがある」と伝わること**なのです。それ以上の答えはありません。上手にできるかどうかを問われてはいないのです。巧みにこなす必要は必ずしもないのです。反対に「ケアする気持ち」がないと思われたら関係は終わりです。

聞いてもらうだけで、彼女たちの心の中には「自分のことを理解しようとしてくれる」という信頼感が生まれます。言葉は完全に通じなくとも、次第にうまくコミュニケーションが成り立つようになってくるのです。

外国にまで来て家族のために稼ごうとしているのだから、楽観的な国民性の国の子たちですが、心の中には大きな不安を抱えています。だから、厳しくすることを考えるよりも優しくした方が効果的なのです。

厳しくマネジメントすると、彼女たちが臨界点を越えたら戦闘モードに切り替わってしまいます。それも自分を守るためには当然の手段といえます。

ケアする気持ちがあるということが最上のケア

▼女性社員の情報は混乱させないこと

部下や同僚の女性情報が増えてくると、混乱して間違ったことを口走る可能性も出てきます。何度か聞いたことなのに、うっかり忘れてしまうことも。これは要注意です。

女性は自分の情報を忘れられるよりも、他人と間違われることをはるかに怒ります。表面上ではあなたのミステイクを微笑みでかわしても、「この人は私のことを人間として軽んじている」と、心の中で評価を下しています。

間違いを避けるために、あなたがすぐ引き出せるパソコンや携帯などのツールを上手に使って、ストックしておくくらいはやってもいいかもしれません。部下全員の誕生日リストくらいならデスクに張り出してもいいですけどね。

忘れないようにしていることを感じてもらえて、なおかつ皆に見られてもプライバシーを侵害しない情報であれば公開してもいいと思います。あなたの姿勢が伝わりますし。

コミュニケーション上手になるには、相手の感情を常に意外な方向に動かすことが重要だとはお伝えしましたよね。だから情報は「まさかそんなこと覚えてくれているなんて」と、相手から驚かれることにインパクトがある。そういった情報はマメに更新しておくのもオススメです。ただし、これらをやるのは、あなた自身が雰囲気がいい人であることが最低条件になります。その過程をすっ飛ばしてやったのでは、ストーカー規制法で取り締まられてしまうかもしれません。

女性社員相手に自己重要感、安心感を増す演出をしたいのなら、**彼女たちのデータの混同はシステムで防ぎましょう。**

あいまいな情報は言葉にせず一旦お茶を濁す

▼NOと言える空気をつくってYESと言わせる

自分から「やります！」と口に出したことは、上からの一方的な命令よりも、はるかに強い意志を持ってやりとげるものですよね。特に女の人は、この傾向が極めて顕著です。

つまり、本気で相手に任せようとしている仕事や、叱ったケースで、逆に心を入れ替えて取り組んでほしいと思っている場合には、相手の口から「はい、やります。大丈夫です」と言わせるようにすればいいのです。

「やってもらわないと困るんだよ。そのくらいわかってるだろ」とクロージングしても、それで良い結果が出るかどうかは分かりません。そのように相手が「はい」と言わざるを得ない状況に追いつめるやり方では、その場では返事をしても好結果を伴わせることは困難になるのです。

結果に到達するまでのプロセスが彼女に見えていないのに、**その場で強制的にイエスと言わせても意味がありません。**

断る選択肢もちゃんと見せ、断れる空気をつくったうえで選択させる。そして、相手に助けてほしいことと、あなたがサポートすることを伝えればいいのです。

「できるか、できないかをしっかり自分で判断してほしいんだ。でも、今あなたが力になってくれないと会社もこれだけ困ることになる。もちろん、いきづまったら、そのつど相談してくれればサポートはするつもりだ。このやり方だと僕もサポートしやすいんだけど、他に何か効果的な提案はある？」というように、**選択肢と時間を与える**わけです。

女性は自分の意志でイエスと言ったことは責任を持ちますし、ゴールまでのイメージは見えているもの。女性がゴールまでイメージできるように手伝うと、上司は女性の力を活用して結果を出しやすくなるのです。

方向性を絞るプロセスを一人でやらせずに一緒に手伝いましょう。相手の女性もそれを手伝ってくれた上司への義理は返そうとするものです。

ゴールイメージを手伝って自主的にイエスを言わせる

▼オヤジ化したキャリア女性の心をほぐすには

女性らしさを活かして成功している経営者やキャリアウーマンもいますが、そうでない男っぽい女性もいます。僕の好きな素晴らしい精神分析家の岸田秀氏が、確かこんなことを言っています。

「男らしい人が男らしさを失うとダメな男になる。女らしい人が女らしさを失うと、ダメな女になるのではなく、オヤジになる」（間違っていたら誰か直して）。

さて、そのオヤジ化してしまった女性には、どう対応すればいいと思いますか？

まずはオヤジを一度女性に戻すというプロセスを経て、それからコミュニケーションに移らないといけません。それをスムーズに行うためには、**「相手が叱られたいことで叱る」**プロセスをたどると、最も成功率が高いと思います。

たとえば、相手が風邪をひいてるときに「早く帰って休んだほうがいいよ」と言うと、「いいの、大丈夫よ」と返してくる。そこで「よくないよ。明日に持ち越す可能性があるのは、前もって防がないとダメじゃないか」と叱ります。

相手も、心の中ではそう言ってもらいたかったりするわけです。でも自分で上手に引き際を見つけられない。オヤジ化している女性は感情の側面から見たら「感情が動かないように武装」しているのです。だから、感情を動かすには、まずオヤジ的武装を解除させることから入るのです。

「本当は言ってもらいたい」というポイントを突くことで、相手の心は女性モードにスイッチが入ります。ここから通常のコミュニケーションをすれば、いたってスムーズ。

男社会のなかで勝ち抜くパターンを身につけてしまった女性には、そのオヤジモードを自分で修正しろというのは難しいですよね。ただし、女性モードへの切り替えをすると、惚れられてしまう危険性をはらんでいるので、気をつけましょうね。

キャリア女性には心の武装解除をすべし

▼好意は必須！ でも「好き」と言わせたら負け

女性社員から信頼され、好意を持たれることは、男としても仕事にハリがあって非常にウレシイ。逆に好意を持たれなければ、コミュニケーションは失敗です。ところが、一歩間違えて恋愛感情を抱かれ、「好き」と告白されてしまっては、女性を活かす男としては失格です。

上級編となると、この微妙なさじ加減が難しい課題となってきます。

あくまでも、あなたが目的とするのは業績向上のために女性社員を活かすことですから、彼女たちが自立的に能力向上して結果を出してくれるようにすることです。好感を持って力になりたいと思う経営者や上司の存在が社内にいることを引き金に、女性社員たちが可能性を発揮することが目的なのです。だからこそ、**恋愛に発展しないように気をつけなければいけません。**

社内恋愛の多くは、社内モラルをズタズタにして業績低下へとつながります。恋愛対象になってはいけないのです。

特に気をつけたいのが、先に述べたような男性社会のなかで闘ってきたキャリア女性。そういう女性にとって、信頼関係を築くことができる男性との出会いは心のオアシスともなります。下手をすると独身だったり、ダンナがいてもうまくはいってなかったりして、ぐっとそのオアシスに気持ちが傾いてくる。

これを避けるにはどうしたらいいか。

女性は告白する前に必ずそれらしきジャブを入れてくるものです。つまり「言ってもいいかな、言っちゃおうかな」という雰囲気です。それを、**とにかくかわし続けること**です。まともに受け止めてしまったら告白されてしまいます。

「好き」と言われたら、「YES」か「NO」で答えなければならない状況に追い込まれます。そうなってしまっては、ほとんど間違いなく業績低下しますからね。

それを防ぐには**相手との目線を常に変えること**です。

これが教育や子育てとは正反対の部分です。

どういう目線にするかというと、大人や父親のような視点でもってアドバイスするなど方向を導くか、やんちゃな子供のようになって許してもらい、面倒を見てもらうんです。だから喧嘩にもなりません。

もしもあなたが独身で、本気でつき合っている女性が社内にいるのなら、それは隠さず公表してしまう方が賢明です。変な噂を立てられたり、エコヒイキしてると勘違いされるよりは、堂々と公表してしまった方があなたの株も上がるし、仕事もやりやすくなるはずです。その他の女性社員に対して、気があると勘違いされるようなこともなくなります。

そして言うまでもありませんが、親しい人間ほど、そうでない人間よりも厳し過ぎるほど厳しくしないといけません。扱いが同じでは必ずヒイキと言われて業績が下がります。

惚れられそうになったら目線は必ず上か下へ。同じにしない

▼どうしても苦手な女性部下への対処法

上司や経営者から良く思われたいという気持ちは、本人が想像している以上に、部下にしてみると強く持っているものです。

ところが、人間的な相性や好き嫌いの感情もあって、なかなか等しい密度で部下とのコミュニケーションを取ることは難しい。

特に苦手なタイプの女性部下の場合、どうすればいいか。

最初のうち、その女性の部下と気の合う男性部下を間に入れてワンクッション置き、「社長がキミのこと評価してたよ」と、**認めている事実を伝えてもらう**といいですね。

上司の側に落ち度があっても、悪気がないと理解されれば、部下と接触する回数の公平性などは関係ないのです。

ケアする気持ちが伝わることが最大のケアであるように、悪気さえないと分かってもらえれば、責められることも多くはありません。すべての部下に同じように接することは不可能だし、その必要もありません。だって会社は幼稚園ではないのですから。

業績向上に向かっていくには、そのチームのなかには結果を出す部下、出せない部下、叱りやすい部下もいるでしょう。結果に応じて圧倒的なエコヒイキも必要ですし、それをしなければ、それこそ差別です。

しかし、結果を出しているにも関わらず、あなたの苦手意識で接触頻度が少ない部下には、必ず手を打ちましょう。その程度の常識は持ち続けてください。

苦手だからやらなくてよい、先延ばしにしてよいという選択肢は今すぐ捨てましょう。間に人を挟んで伝言を頼んでもかまいません。メールでもかまいません。相手を認めていることを今すぐに伝えましょう。

苦手だからこそ認めていることを今すぐ伝えよ

▼後輩や部下につらく当たる女性社員には

ある飲食店の経営者が、先日、「店を任せている女性店長がスタッフに厳し過ぎて、みんなが萎縮して困っている」と言うので、相談にのりました。聞いてみると、売り上げを上げて結果を出す優秀な女性店長なのですが、自分と同じような働きぶりをスタッフたちに求めて、ささいなミスにも目くじらを立てるらしいんですね。

その経営者は、彼女と話し合って彼女をセミナーに行かせてみたり、直々に手紙を書いて渡したり、解決は試みたと言うんです。それをした直後はスタッフにも優しくなるものの、またすぐスタッフにつらく当たるらしいんですね。

僕はまず、彼女の評価できる部分を認めて自己重要感を持たせること、そして「これはトラブルだ」ということを伝えるようにアドバイスしました。

自分の後輩や部下に厳しくする女性というのは、そのこと自体をトラブルだとは認識できていない可能性も高いんですね。だから、トラブルであると特定して認識させることで、トラブルを起こさなくなる確率が高まるわけです。もうひとつは、「こんなふうになるといいよね」という次のステップを伝えて共有すること。

そして最も重要なのが、**トラブルは指摘しても、彼女の存在や価値を認めていて、決し**

て嫌っているわけではないと伝わることなんです。

「お前のやってることが気に入らない、だからお前も気にくわない」と受け取られてしまうと、コミュニケーションはうまくいきません。そしてスタッフへのいじめはもっと深く潜行してしまいます。

キャラクターが人それぞれ違うので、同じようにはいきませんけど、僕だったら「あんまりあいつのこといじめんなよ。なあ、頼むよ」。これ一発で解決すると思います。その根っこには、僕が彼女たちスタッフを好きだという前提が充分に伝わっているので、彼女たちは僕に力を貸してくれるのだと信じているからです。

つまり、相手を信頼して好感をもっていることが伝わるようにすればいいのです。日頃からのケアも大事です。相手の心の中に「私は認められて信頼されているんだ」という事実が深く落ちていけば、部下や後輩に厳しくするより、義理を立てたいと思う人間関係にウエイトを置くようになり、トラブルは起こさなくなるはずです。

信頼していることが伝わればいじめは影を潜める

▼喜怒哀楽を表に出さない女性社員には

内向的で人見知りをするおとなしい女性は、感情を表面には出しません。だから、何を考えているのか周囲には分かりにくいし、目立たなくて静かだから、つい放っておかれがちです。

自分の方から寄ってくる社員にはどうしても手をかけちゃうんですが、本当はこういう**内向的なタイプの女性社員こそ、きちんとコミュニケーションを取っていくべき**なんです。だって、コツコツ仕事をしている社員であれば、騒いでるだけで結果を出せない社員と比べて、はるかに会社の業績への貢献度が高いわけじゃないですか。そちらを大切にしない会社は危機的状況に陥ります。業績を伸ばすためにも、こういう女性をちゃんと認めるように気を配るべき。それは上に立つ人間であれば最低限の仕事です。

内気な人というのは、かまってもらいたくないとか、仲間に入れてほしくないと思ってるわけではありません。ただ、自分からそれを上手に伝えられないだけなんです。だから、優しく声をかけてもらうとすごく嬉しいし、その人に信頼を寄せるものです。

人見知りは人嫌いではありません。好きな相手を選んでいるだけなのです。だからあなたが好かれるように心がければよいのです。

▼ウソをつかれたらどうすればいいか

「頼んだ仕事は進んでるかい?」と部下に聞くと、「やっています」という返事。でもそれがウソだったら、何らかの理由があってごまかしてるわけですから、それを見抜けないのは上司の責任になります。

部下の仕事の進捗状況を確認しながら結果を出すのが管理職やリーダーの仕事ですから、部下がウソをついたというのは責任回避の理由にならないんです。本人は仕事をこなしているつもりでも、間違っていることだってあります。だから最終的な結果だけを見る前に定期的なフォローも必要です。

でも、大事な連絡をしてないのに「しました」とか、受けたのに「受けてません」とか、ウソをつくことによって組織的に不利益を被ることであれば、ウソと判明した時点で、本人に被害の大きさをきちんと伝え、厳罰を与えるべきです。

「会社を船にたとえたら、あなたのついたウソによって船が沈んで、社員だけじゃなく、養っている家族までも巻き添えにすることになるんだぞ」と、事の重大さを伝えるといった対処が必要かもしれません。本人がウソをつく気があったのか、なかったのかで、対処法は変わりますけどね。

ウソをつこうとしてついてる確信犯は、即刻解雇です。治りません、そういうウソつきは。ウソつきはバレても悪気がなかったふりをする。これは大人になってから治すのは容易なことじゃありません。なんとか心を入れ替えさせようとか、人材を活かしていこうとか、辞めさせない方法を選びがちですけど、**ウソつきをケアする時間と労力はムダ**です。

僕は、辞めさせるというカードを出すことも、人事戦略のひとつだと思ってます。ウソつきに対して采配は早いほうがいい。なるべく被害の少ないうちに。専門的なカウンセリングが必要なレベルの人の問題を、経営やビジネスの中で素人《しろうと》がやろうとすることに無理があります。いや、そもそもやってはいけません。

あなたが人事の決定権のない立場にいるなら、決定権のある上司に、解雇する必要があることを訴えましょう。

道義的な話も大切ですが、同時にいくつもの目的を追いかけて「二兎追う者は一兎をも得ず」という結果になってはいけないのです。溺れている者を助けるには、まず自分が泳げなければいけません。自分が泳げないのに溺れていることはできないのです。

そんなことをすれば、必ず二人とも溺れてしまうのです。

▼顧客からの良い反応はオーバーアクションで伝える

先日、パソコンのインストラクターとして20代の女性を複数雇用している経営者の方から、「彼女たちにどういう言葉をかければいいか分からない」といった相談を受けました。

彼女たちに対する派遣先の顧客からの反応や評価は良いのだそうです。「そのことを聞いたとき、どう思いましたか」と、僕が尋ねると、その経営者の方は「嬉しかったです」と言うんですね。ところが、「じゃあ、そのことを言葉で彼女たちに伝えたことがありますか」と聞くと、「はっきりとはありません」と言う。

これは非常にもったいない話です。ほめてモチベーションを高め、感情を共有できるという、せっかくのチャンスを逃しています。彼女たちにハッキリと言葉で顧客からの良い評価を伝えるべきです。

少しオーバーなくらいでもいい。

「昨日行ってもらったS社の担当者から、とてもいいＯＪＴをしてもらったってお礼のメールがあったよ。いやあ、どうもありがとう！」と言って握手しちゃうとかね。

良い評価はすぐにでも伝えて共有しましょう。

逆に、顧客から女性社員に対するクレームが入った場合は、その本人の問題としてではなく、上司や経営者であるあなた自身の責任として本人に伝えましょう。そして、一緒にどの点に問題があったのかを検証し、改善策を考えるのです。

どのようなケースであっても、**相手とベクトルを同じ方向に向けていくことを積み重ねるのだと考えればいい**わけです。

ほめ言葉の特徴、言わなかったことはなかったこと

コミュニケーションには非常に怖い側面があります。ほめ言葉を言わなかった場合には、単になかったこととされます。でも、悪口は言わなくても言ったこととみなされてしまうのです。言った覚えのない悪口を言ったことにされてしまう被害への対応策は、毎日のほめ言葉の積み重ねで補い、信用と信頼を勝ち取るしかありません。休む間もなく大変なことです。

しかし、ほめ言葉はとにかく言えばいいのです。上手か下手かは別にしても、言えば言ったことになるのですから、こんなに効率的なことはありません。たくさん言いましょう。

11～12週目のポイント

CHECK ► 女性の涙にうろたえるな。しかし平気になってはいけない。

CHECK ► 覚えている相手の情報を会話の中に挿入せよ。

CHECK ► 女性社員の情報を混同させるな。自分なりのシステム化を。

CHECK ► NOといえる選択肢と時間を与えてYESと言わせよ。

CHECK ► オヤジ化したキャリア女性はいったん女に戻してから会話せよ。

CHECK ► 惚れられたら告白のサインとなるジャブをかわせ。

CHECK ► 苦手なタイプの女性社員には男性社員に一枚噛んでもらう。

CHECK ► 後輩に厳しい女性社員には、信頼し、認めていることを伝えよ。

CHECK ► おとなしくて目立たない女性社員ほど、気配りの対象とせよ。

CHECK ► 確信犯のウソつきは治らない。ケアしようとする時間と労力はムダ。

CHECK ► 顧客からの良い反応は即座に伝えて、感情を共有せよ。

エピローグ
女性力を活かした組織を構築せよ！

組織内での女性の活かし方を指南します。
事務、営業、接客、テレワークといった職種別に、
何をポイントにすれば強い組織づくり、業績アップにつながるのか、
また採用時の基準や女性チームのまとめ役にまで言及します。
あなたの現状に照らし合わせて応用してみてください。

▼女性教育をあなたの会社の「対抗不能性」にする

ここまで女性とのコミュニケーションに慣れることと、「型《かた》（技《わざ》）」を身につけることを重視したトレーニングをしてきました。最後に、女性力を活かして組織を強くするためにはずせないことを、お伝えしたいと思います。

どんな企業でも、顧客にとっては魅力や特色があるからこそ、取引をしたり、サービスや商品を購入するわけです。この魅力を他社との「差別化」と一般的には呼びますよね。牛丼の吉野家があれだけファンを獲得していたのは「早い、安い、旨い」の3つの差別化を確立していたからですよね。

どの企業もひとつの差別化を確立するだけでも必死なのに、3つあるというのはすごいことです。ディスカウントストアのドン・キホーテも素晴らしい。「安い、深夜営業、テーマパーク」。これを他社が表面上真似しても、バックヤードが準備できません。コンビニは夜遅くまでやっていますが、あれだけ多品種の仕入れや管理が用意できないでしょう。コンビニはそれをやらないことで高利益率を確保できているのかもしれません。ドン・キホーテ以外のディスカウントストアでは、深夜から早朝までの人事システムが用意できませんよね。

差別化だってひとつくらいなら真似できるかもしれませんが、複数を同時に進行させると「対抗不能性」になります。対抗不能性については、兵頭二十八氏という日本で唯一の軍学者で大変優秀な、かつ面白い著書を多数出されている方がいますので、ぜひそちらを読んでいただければと思います。

単なる差別化、独自化だったら、他社も頑張れば真似ができます。しかし、他が努力しても真似できない圧倒的な差を対抗不能性だと呼ぶのだと、僕は勝手に解釈させてもらっています。そう考えると、儲かるとは分かっていながら、誰も真似できないというのが対抗不能性です。

僕のビジネスモデルでの圧倒的な強みは、本当は「女性教育」「マスコミ戦略」なんです。まだ対抗不能性にまで高められているかどうかは分かりませんが、対女性マネジメントについては、その領域に近いと評価していただいています。これを理解して継承しようとする人材が社内に多くいる状態であれば、経営はうまくいきます。

しかし、これはそもそもの僕の出身が風俗や水商売だからではなく、実はどの業種にも当てはまります。だからこそ、様々な業種の女性スタッフの多い職場から僕が招かれるのだと思います。

企業の幹部研修などに招かれると、リピート率は約90%です。それは、効果が上がるという理由はもちろん、実は、**女性の力を本気で活用しようとしている会社がまだ少ないの**

で、**わずかな指導で大きな効果が上がる**からでもあります。なにも僕が指導に行かなくても、心がけひとつであなたの会社も相当に効果が表れると思います。その上、ライバルはまだその点のノウハウを持ち合わせていない。仮に気がついても、苦手意識からやらないんですよ。

今は優秀な女性が世の中にあふれています。それも30～50代の女性が。転勤族のサラリーマンの奥さんなんかは、かなり優秀な方が職に就けないままでいます。高学歴で事務処理能力の高い人だって多い。インターネットができる中高年女性も増えています。しかも、金銭的な事情を最優先せずに、自分の能力で社会に参加したい人が数多くいることも確認しています。

ぜひ、そういう女性を活用して業績を伸ばしてください。

女性力を活かす術を、ライバルはまだ知らない

▼接客サービス職での女性マネジメント

では、複数の女性をマネジメントする上でポイントとなる点を、大まかな職種別に考えてみますね。

まず、僕が感じるのは、どんな職種であっても、本人にとって「好きな仕事であること」が大前提です。デスクワークが得意な女性を事務職として採用しながら、最初は営業に配属するケースがあります。でも、これは指導者、管理者がよほどしっかりしていないと伸ばすことができないケースが多いのです。伸ばしている会社ももちろんありますが、それは指導者にかなりスキルがある会社に限られます。

やはり人によって向き不向きがあります。向いていないポジションに置けば、離職率は高まってしまいます。何度も採用を繰り返して初心者からトレーニングをするよりも、最初から続きそうな女性を雇用した方が効率的だと思います。

また、どの職種の場合も、**最初は女性社員とは一緒になってゴールセッティングをすること**が必須です。接客サービス業の場合のポイントは、ゴールを店の売上金額に設定しないこと。**お金でなく人にフォーカスしましょう。**

だから「来客数の増加」であるとか、「来客の滞留時間」などを目標に持ってきます。

単に集客の数だけではなくて滞留時間も視野に入れないと、水商売や喫茶店など「早く帰れ」みたいな態度で回転率を上げようとするスタッフも出現して、仕事が荒れることがあるからです。

男性は売上金額を目標にした方が社内に浸透しやすいですが、女性は人にフォーカスする方が浸透しやすいですね。もともと横への拡がりを得意とする特性だから向いているのです。男の場合には、放っておくと「お客の顔を1万円札だと思え！」などという教育を、経営者の知らない間に幹部社員がしていたりします。この場合には社員に悪気があるわけではなく、男はそういったセッティングの方が頑張りやすいんですね。

それによって、一時的にはカンフル剤を打つように業績向上したとしても、仕事が荒れて店が潰れてしまうこともあります。

女性は商いの本道である「人」に気持ちを向けるのが無理なくできるので、店舗商売などの接客業には向いているのです。

サービス職は「人」にフォーカスしたゴールを設定せよ

▼営業職での女性マネジメント

営業職の場合も、売上金額でなく、**お客様の気持ちを獲得することをゴールにします。**たとえば保険の営業であれば、先発と後発部隊の二部体制でいく。先発部隊は玄関のドアを開けさせ、子育てや旦那さんへの対応、姑《しゅうと》対策などの相談に乗るというところまでを目標にする。この場合、いかにもセールスウーマンらしくないソフトタイプの女性がいいですね。

彼女が若いママの子育て相談に乗ってあげたら、次に「私ではうまく説明できないから、もっと保険に詳しい人を連れてくるわ」というところまでを約束する。

つまり、先発部隊には保険の契約を取るというノルマを一切課さないようにします。若いママから「子育てアンケート」や「介護問題のアンケート」といった調査をして帰ることが目標です。そして次の後発部隊につなげた方が、必ずうまくいきますね。

営業はできるだけ数多くの人に会うことが第一ステップなので、そこで売り上げのノルマを発生させるべきではないのです。

潜在ニーズを持つ人と、できるだけたくさん上手に出会うことだけに集中し、子育てや介護のアドバイスやアンケートのアイテムをからめ、潜在顧客が情報を受け入れるまでの心の準備に努めます。

こういう役割は女性の特性と合致しています。そうして関係づくりさえしっかりできれば、その後のクロージングは男性であってもいいのです。

新聞の訪問営業には感じの悪い人が多いですよね。昔よりは減りましたが。あれじゃあ怖くて契約したくないと思いませんか。最近では、さわやかな学生を使って業績を伸ばしている新聞専売所もあります。やはりイヤな感じを与えないことが基本です。

営業職のクロージングが得意な人は、競争が好きな人が多いですよね。スポーツなどで頑張った経験のある人は競争が苦にならないので、そういった女性であれば、女性本来の横への拡がりと競争好きが相まって、大きな結果を出してくれることもあるので、元スポーツウーマンを雇用するという方法もあります。

営業は二部体制で。先発部隊にノルマは課さない

▼事務職での女性マネジメント

総務や経理などの事務職で元気がない女性たちというのは、日々のルーティンワークに価値を見い出せていないケースがとても多いんですね。

それが分かったら、元気にするのはいたって簡単です。「会社としても、とても助かっている」というメッセージが、伝わるまで伝え続けることが大切なのです。

厳密には「会社」ではなく「あなた」、あるいは「社長」が、その女性社員の働きで**助かっているのだと本人に伝えること**です。個人が個人に感謝しているというメッセージは、最もインパクトが強いのです。

それと同時に、「次の改善点は何かな?」「これからはどうしたらいいと思うか教えてもらえるかな?」といったことを尋ねてみるのです。

すると、「ここをこう改善すれば、もっと経費は削減できると思います」といった提案をしてくれます。毎日社内にいる彼女たちは、細かいムダに驚くほど気づいてるんです。

彼女たちから引き出したその提案は、彼女の顔が立つなら営業なり他の部署の人たちがいる場で公表してあげることです。「総務担当の○○さんからこんな提案があった。素晴らしいと思ったので、早速実行したい」といったように。

ただし、彼女が矢面に立つようであれば、彼女の個人名は出さずに実行して結果が出てから発表した方が良いのは言うまでもありません。

ほとんどの会社で、**事務職の女性たちは営業や他の部署の人たちより、自分たちの仕事の価値が低く見られていると感じています。**給与や待遇を見てもわかることですから。だからこそ、彼女たちの自己重要感を増すケアが必要になるんです。重要度を考えると、確かに事務職も高いのですが、企業では売り上げとして稼いでいる人材が最も多くの利益を受け取ることができるのは、ある面では仕方がありません。

営業部門の方が個人の才能に左右されることも事実です。しかし、少し事業規模が大きくなってくると、経費節減は非常に重要なんですね。

経営者や幹部は、どうしても売り上げを上げることに意識が向くので、こういった現場からの声を吸い上げて経費を節減しようとする意識は低くなりがちなんです。

でも、考えてみてください。たとえ売り上げを1００万円上げても、利益率が10％だったら10万円の利益です。これに対して、経費節減というのは1００万円を削ることができたら、まるまる1００万円が残るわけです。つまり、営業が1０００万円を売り上げることと同じ金額になる。

経営はきちんと利益で見ていかないと、売り上げの前年比や前月比だけを追いかけていては痛い目に遭います。だからこそ、経費節減に貢献した社員はしっかりとほめ、営業職の人間に対してもその価値を認識させるべきなのです。

事務職は経費節減対策で「自己重要感」を高めるケアを

▼テレワーク職での女性マネジメント

最近、テレワーク職の需要が増えてますよね。ところが、この電話による営業やクレーム対応というのは、ストレスも大きいので、獲得数や対応数といった数字にシフトしてしまうことを避けるのはもちろん、「よりうまく対応しよう」という**目標を持たせるのも最初のうちはやめましょう**。担当する女性たちの心理的負担を重くしてしまいます。

本当に優秀なテレワークの女性たちを相手にしている企業の方たちではなく、ここでは、ストレスで女子社員が次々に辞めていくなどといった状況に対処するケースに限定してお話しします。

彼女たちの負担を軽減させるために、電話対応のトーク内容そのものに集中することを避ける方法も良いやり方です。例えば、声のトーンをここで下げるとか、この部分では少し大きくするといった、声に関することをマニュアルに明記する。そして改善プランを作らせることで、罵倒されるマイナスのエネルギーをストレートに受けないようにします。

つまり、自分の声と、それに反応した相手に意識を向けることで、電話口で罵倒されるようなクレームを受けても、ストレートには言葉のパンチが入らないから、本人もめげずに済むという作戦です。

セリフそのものを受けてしまうと「馬鹿!」とか「ふざけるな!」と言われると大変強いダメージを受けます。それに対して「馬鹿!」と言うクレーム客に、「誠に申し訳ございません!」と力強く言った場合と「申し開きもございません」と静かに言ったときで相手の反応がどのように違ったか、その変化だけに集中して記録するようにしていきます。

何らかの目的意識を持ったトレーニングを積まないと、多くの一般女性にとって、このクレーム対応ばかりの仕事というのは非常に負担が大きいものです。もちろん、訓練を積むことで、テレアポ営業やクレーム対応がきちんとできるスキルを身につけたチームとなったら万々歳です。

クレーム客というのはマイナス感情ですから、ゼロからプラスの感情に跳ね上がらせることで、その会社の信者レベルのファンとして獲得できる確率が高いのも事実です。その意味では実のところ、「おいしい客」であったりするわけです。

しかし、クレーム対応がテレワークとして定着している企業ならいいのですが、これから新しく会社なり、部署なりを立ち上げるなら、僕は「やめた方がいい」とアドバイスします。

専門的な指導経験の豊富な指導員からのレクチャーでもしっかり受けないと、急に部署だけ設置して頑張れと励ましたところで、かなり難しいのです。訓練されていない人がいったんクレーム対応を始めると、心ない客からの言葉に傷つき、社員たちのモチベーションが一気に下がります。

なので、綿密な計画準備がないのなら、**社内の活気の方がはるかに大事**です。活気を失うような仕事は、専門会社にアウトソーシングするか、それがかなわないなら、いっそ社内の活気を落とす客は必要ない客と割り切って、クレーム対応に手を出さないことです。

クレーム対応をマニュアル化するなら、3つくらいの典型的な文言を用意して、それでも相手の怒りが収まらなかったら上司に代わる、もしくは、時間で区切って上司に代わるというフォローをします。

文句を言う客を相手にすることばかりに気を回すよりは、喜んでくれる客をいかにもっと喜ばせるかを考えた方が、経営効率はずっといいのです。

テレワーク職はダメージをまともに受けない工夫を

▼女性ばかりのチームには中間管理職の男性を配属する

女性を多く採用する業種の場合、**女性を統括する立場には男性を配属した方がうまく回る確率は高まります**。必達意識が強い女性であれば女性でも良いのですが。

たとえば、女性チームのスタッフが10人いたとすると、10人すべてに対して共通のコミュニケーションを行う設定には無理があるので、意志決定の分業をします。飲食業であれば、チーフ、サブチーフといった役割を与え、責任に応じて給与金額は変えます。そして具体的な仕事内容を明示すれば、統制しやすくなります。

その際に気をつけるのは、チームのまとめ役に、仕事の遂行能力ではなく、統制能力のある人材を選ぶこと。単に頼りがいがあるように見えるだけで、間を取り持つ調整役しかできないタイプもいますから見極めが必要です。

その女性チームを管理する中間管理職は、男性がいいという理由は、男は頭が固いから。和を乱したとしてもゴールに向かうことにこだわるのは、男の方が女性よりも得意だからです。**女性は業績を犠牲にしても人間関係を取ることが多い**のです。そこは幼稚園や学校ではないので、企業体としては困るわけです。必ずしもカリスマ性はなくてかまわないので、この場合は調整役ができる人材を選ぶのです。中間管理職の役割は、

①結果に向かって各人の能力を効果的に組み合わせること
②人間関係の調整をして励ましたり、いじめなどが起きないようにすること
③上司に対して現状報告をマメにすること

これくらいやってくれれば、ちょっとした企業の中間管理職としては充分だと思います。

女性に指示采配を出す場合、そのポジションにスポーツや受験などで結果を必達すべく頑張り、勝った経験を持っている女性であれば、結果に向かうことや数字を目標にすることに対して力を発揮できます。

そうでない女性の場合には、人間関係にまつわることを基準にした方がうまくいくと先ほど言いましたが、それでも気をつけなければならないポイントがあります。

それは「**客観的に計測できる準備をしておく**」ということです。

計測できるようにしなければ、必ず「私たちなりに頑張ったんです」と言われます。

これは男を相手にしても起きる問題です。客観的に計測できる結果ではなく、自分が頑張ったという達成感を基準に仕事を遂行したことを社員たちが言い始めると、企業の質は極端に落ちます。大企業では笑ってしまうことかもしれませんが、こんな話も中小企業レベルでは頻繁に起きる問題です。

女性のまとめ役には目標に向かう調整役を置く

▼女性社員の採用基準のポイントとは

よく、採用の基準を「明るくて元気がいい子」なんて言ってる中小企業の経営者や人事担当者がいます。明るいことは欠かすことのできない重要な要素ではありますが、せっかく若い人材が買い手市場なんですから、もう少しだけ選考基準はしっかり持ちましょう。あとで「こんなはずじゃなかった」と嘆かないためにも。

僕がアドバイスする選考基準はこうです。

「アタマとカラダを使って、なんらかの結果を出した経験を持っていること」

これだけで、かなりの高確率で良い人材を採用できるんです。「アタマを使った」というのは、学業成績を含んで、珠算とか漢字検定で1級を取った、といった類のことです。「カラダを使った」は、たとえばスポーツで県大会何位まで行ったとか、水泳大会で新記録を出したとか、いずれも普通の人より頑張って、ある程度の結果を出した経験をひとつずつ持っているのが理想です。

こういう人間は、コツコツと努力して実績を出したという成功体験を、頭脳と身体の両方持っているので、バランスも取れていて困難を乗り越える力が複合的にあるんです。部活動などで鍛えられた経験から、上下関係もわかっているし、協調性もある。こういう人ならまず大丈夫です。

あとは「好意を持てるかどうか」ということです。経営者は効果性の追求を宿命として持っていますよね。だからこそ、僕は中小企業の経営者にパーソナルで好意を持てる人材を採用するべきだと提案しています。女性社員もそうですよ。

好きでない相手は操作しようとしてしまうけど、人間的に好意を持つ相手だったら、「ウチにいるならオレも全力でサポートする。だけどこのままだとキツイから、あと半年頑張って結果が出なかったら、キミも他の仕事を探そうよ。オレも一緒に探してやるから」と正直に言えるんです。

単に解雇するのではなく、自分が全力で教えてもダメなら、相手の適性を考えて他の職業で可能性を追わせた方がいいと、お互い素直に納得できるからです。「幸せになってもらいたい」と感じる相手を雇うことで、本来であればトラブルになるようなこういった解雇時のコミュニケーションがうまくいくんです。

採用には頭と身体で結果を出した成功経験を優先せよ

▼女性のリーダーには「プチギブアップ」させよう

女性ばかりの職場であれば、リーダーも女性というケースが多いでしょう。その場合、リーダーに依存する女性ばかりになり、責任を微塵《みじん》もとろうとしない、また、とる能力もない女性が増えて困るといった状況が往々にしてあるものです。

そんなときに僕が女性リーダーに勧めるのが「プチギブアップ」です。早い話が、「私はもう限界！」って宣言をしてしまうんです。

実際に宣言させてみると、今までリーダーとして努力と我慢を重ねてきた彼女からの言葉ですから、周囲の女性たちも「そんなに大変だったら私も手伝わなくちゃ」と、積極的に手伝い始めるんですね。また、そういった状況になっても変わらず依存を続けようとするのか、人材の最後の見極めにも役立ちます。

男女を問わず仕事ができるリーダー的存在には、弱音を吐かないかぎり、上司も仕事を任せちゃいますよね。忙しい人ほど仕事が早いのも事実ですし。ダメな奴の「必死」より、デキる奴の「片手間」の方が仕事の質は高いものです。

でも、実は本人のキャパシティとしては限界のときもあるわけです。そんな場合には、リーダー自身が部下や周囲から手伝ってもらえるように誘導しないといけません。

僕も部下からの依存には苦しみました。今でも業界が業界なので自主性のない依存体質の人間が次から次へと入ってきて、常に苦しんでます。

しかし、僕は直属の部下に「プチギブアップ」をして、このようにお願いをします。

「もうオレは限界なんだよ。オレからはお前にサポートしてやれないかもしれない。仕事が大変なことは分かってるけど、これはお前にしかできないんだ、頼むよ！」と言ってしまいます。

だって、それが現状の真実だったら、そう言うしかないですから。相手のことが人間的に好きで、その気持ちが伝わっていて、そのときの状況をストレートに言えばかなりの確率で助けてもらえます。

これは男女とも効果的な方法です。テクニックというよりも、実は、そういう選択肢もせっぱつまったことで見つかったわけですが。

「もうできない」と宣言するのもお灸になる

▼男女の役割をまっとうしよう

さて、女性とのコミュニケーションに慣れるための準備に始まり、女性に効果的な話し方、様々な角度からのトレーニングと型・技の習得、女性力を活かした組織づくりについてお伝えしてきました。

でも最後に、ここまで試したけれど、やっぱりどうしても女性が苦手で話すのが苦痛だとか、生理的に嫌われることがどういうことなのか分からない、努力しても無理だと感じている男性は、厳しいことを言うようですが、いさぎよく、いったん女性を使う立場の仕事はあきらめることをオススメします。

僕は決して、女性を巧みに使って仕事ができることが偉いとか、それがすべてだとは思っていません。男の人よりも女の人の方が現状では優秀な人材が世の中にはあふれているので、業績アップに活かすチャンスがある。そんな選択肢に気がついていましたか？　と言いたいのです。

走るのが遅い人は、苦手な徒競走で頑張るより、他の得意分野を磨いた方がうまくいくわけです。それと同様に、まずは得意な分野のビジネスを軌道に乗せることに注力して、ある程度余裕ができてから、再び女性に対するトレーニングを試みてもいいわけです。

ビジネスは恋愛と違って、数字で結果が出ないことには何ひとつ意味がありません。いつまでも苦手で上達しないことに時間と労力をかけていたのでは仕事になりません。ビジネスや商いで結果を出して自分に自信をつけてから、再び女性を活かすトレーニングに戻った方が、うまくいく可能性も高いのです。

ひたすら「モテたい」と必死になっている発情期より、仕事も人間的にも成長した成熟期の方が、気づくとモテるようになっていたという男性だって大勢いるわけですから。

さらに、「いい男」というのは、自らの役割分担をまっとうできる人間だと思うのです。世の中にいい男といい女が増えれば、仕事も家庭もうまくいく。

その基本って、**男と女の特性を活かした役割分担ができて、それぞれの得意分野で能力を充分発揮すること**。つまりは原始時代の基本に戻ることだと僕は思うのです。

たとえば、力仕事は体力のある男性の方が向いているし、同じ仕事をコツコツと積み重ねるのは、忍耐力のある女性が向いています。税理士のような資格試験は積み重ねなので、受験段階までは女性向きといえるかもしれないけど、実務的な交渉事が発生すると、方向性を定めるのが得意な男性が向いてるとか。

そういった、基本的な特性を配慮しないで、男女共同参画だとか、ジェンダーフリーなんて言葉が先走って、男女が同じことをしようとしても、幸せな世の中になるとは思えないのです。

もちろん、男女差別は決してあってはなりませんが、男女がお互いを認め合い、得意ジャンルをいかんなく発揮する姿勢が、仕事でもプライベートでも幸福を招く源だと僕は信じています。

◉著者について

後藤芳徳（ごとう よしのり）

1968年静岡県生まれ。横浜を拠点に全国で風俗店チェーン、飲食店チェーンを展開する経営者であり、中小企業の経営コンサルティングや地方公共団体でコミュニケーション指導にあたる啓蒙家でもある。36年の人生で読破した書籍は6万冊超、数百万単位の年間購読費を費やして、つねに新しい学びを得ている、自称「学歴はないが勉強が唯一の趣味」の男。その人生と経営のミッションは以下の4点に集約される。

「女性の能力が開花するようアナタの経営をサポートします」

「男だからわからない男の死角、女だからわからない女の死角を解決します」

「キレイごとではわからない真実のニーズを明らかにした経営のサポートをします」

「普通の世界で仕事をしていても気がつかない、水商売、風俗業界などの業界からの効果的な経営のエッセンスをお伝えします」

著書に『ある種の女はなぜ口説きやすいのか』『間違いだらけのオンナ選び』『間違いだらけのオトコ選び』、責任監修『ゴトー式合コン最強システム』（以上小社刊）、他多数がある。

◉後藤芳徳のホームページ
http://www.goto-yoshinori.com/
◉後藤芳徳発行メルマガ「ちんちんかもかも誘惑大全」:上記ホームページからアクセス
◉後藤芳徳主宰「ビジネス幼稚園」
http://www.businessyochien.com/blog/
◉後藤芳徳・楽天日記「ちんかも大王日記」
http://plaza.rakuten.co.jp/yotaro802/

オンナを味方《みかた》にして仕事《しごと》をする本《ほん》

◉著者
後藤芳徳《ごとうよしのり》

◉発行日
初版第1刷　2004年 11月25日

◉発行者
田中亮介

◉発行所
株式会社 成甲書房

郵便番号101-0051
東京都千代田区神田神保町1-42
振替00160-9-85784
電話 03(3295)1687
E-MAIL mail@seikoshobo.co.jp
URL http://www.seikoshobo.co.jp

◉印刷・製本
株式会社 シナノ

©Yoshinori Goto

Printed in Japan, 2004
ISBN4-88086-172-3

本体価はカバーに
定価は定価カードに表示してあります。
乱丁・落丁がございましたら、
お手数ですが小社までお送りください。
送料小社負担にてお取り替えいたします。

敬語すらすらBOOK

唐沢 明

「バイト面接」「入試の面談」から「正社員の社内対応」まで、9つのシーン・312の例文で「敬語」を攻略、日本人の基本を身につけて華麗に「大人デビュー」しよう。2色刷の1問1答方式で覚えられるから、状況に応じた言葉の遣い方がカンタンに修得できます。また、敬語にまつわる基礎知識、若者言葉の矯正点も詳述、好感度アップ保証のお役立ち本です――――――――9刷出来

新書判2色刷◉定価998円（本体950円）

敬語これだけBOOK

唐沢 明

好評ロングセラー『敬語すらすらBOOK』に寄せられた読者の声から生まれた最新刊。前作のシーン別とはうって変わって「7テーマ別・77の必修言葉づかい」で敬語力をカンタン・ラクラクに向上させます。「あいさつ」「来客・訪問」「尋ねる・依頼する」「お礼・誘う・ほめる」「答える・報告する」「電話をかける・受ける」の7つで敬語を完全網羅、オトナ語で感心させ、トクトク語で尊敬されよう――――――――――――――最新刊

新書判2色刷◉定価998円（本体950円）

ご注文は書店へ、直接小社Webでも承り

異色ノンフィクションの成甲書房

ある種の女はなぜ口説きやすいのか
後藤よしのり

「ゴトー式恋愛理論」はついにここまで進化した。なぜモテない男性が存在するのか、女心をがっちりつかむメカニズムを初公開。錯覚を解けば男は誰でもモテる、口説きやすいタイプを発見する方法etc、類書にはない斬新さのロングセラー書――重版出来

四六判上製◉定価1575円（本体1500円）

ゴトー式 合コン最強システム
後藤よしのり／責任監修　野田慶輔／著

完璧な理論なくして、完全な成功なし！　全国3300万、合コン愛好者待望の書。ビギナーからマニアまで、すべてのニーズに懇切丁寧にお応えできる内容。異性の選び方から、お店の設定、集合場所、時間、そして二次会へのスムースなお誘いまで、お役に立ちまくること必定――好評既刊

四六判変型◉定価1000円（本体952円）

ご注文は書店へ、直接小社Webでも承り

異色ノンフィクションの成甲書房

間違いだらけのオンナ選び

後藤よしのり

口説いてはいけないオンナ、つき合うのは危険なオンナ、意中の彼女はどのタイプ？　幅広い世代から圧倒的に支持されるコミュニケーション指導のスペシャリストが見抜いた、絶対に失敗しない最強恋愛術の諸法則。なぜ不幸になる女性を選んでしまうのか、男性心理の深層に迫ります――――――――――――好評既刊

四六判上製◉定価1365円（本体1300円）

間違いだらけのオトコ選び

後藤よしのり

絶対惚れてはいけないオトコ、つき合うと不幸にされるオトコ、見分ける方法、お教えします。世間に流布する恋愛論の誤謬をついた明解さで、騙される女、不幸になってしまう女を詳細分析。あなたの恋愛観を一変させる一冊――――――――――好評既刊

四六判上製◉定価1365円（本体1300円）

ご注文は書店へ、直接小社Webでも承り

異色ノンフィクションの成甲書房